# 势不可挡的装甲战争

刘　军　邵　朵 / 编著

吉林人民出版社

**图书在版编目(CIP)数据**

势不可挡的装甲战争 / 刘军, 邵朵编著 . -- 长春：
吉林人民出版社, 2012.7
(军事五千年)
ISBN 978-7-206-09178-0

Ⅰ.①势… Ⅱ.①刘… ②邵… Ⅲ.①机械化(军事)
– 战争史 – 世界 – 通俗读物 Ⅳ.①E19-49

中国版本图书馆CIP数据核字(2012)第 160889 号

# 势不可挡的装甲战争

SHIBUKEDANG DE ZHUANGJIA ZHANZHENG

编　　著:刘 军 邵 朵
责任编辑:金 鑫　　　　　　　　封面设计:七 洱
吉林人民出版社出版 发行(长春市人民大街7548号　邮政编码:130022)
印　　刷:北京市一鑫印务有限公司
开　　本:670mm×950mm　　　　　　1/16
印　　张:12　　　　　　字　　数:113千字
标准书号:ISBN 978-7-206-09178-0
版　　次:2012年7月第1版　　　印　　次:2023年6月第3次印刷
定　　价:38.00元

# CONTENTS

# 目录 CONTENTS

CONTENTS 目录

# 目录 CONTENTS

# 初露端倪

第一次世界大战进入第三个年头（1916年8月）的时候，英国陆军推出了一种奇怪的新式战车。这种战车披挂着厚厚的钢铁铠甲，带动它前进的不是车轮，而是宽宽的转动自如的钢铁履带；它不但装备着机关枪，而且还装备着一门威力不小的、可以四周转动的火炮。它开动起来隆隆作响，既能横越较窄的战壕和小溪，夷平铁蒺藜、石堆及断壁残垣等障碍物，又能向敌军开枪开炮，掩护步兵冲锋。子弹打上它，犹如用手指弹脑壳一样，无损它一根毫毛。这种新武器的发明人——工业家坦克，管它叫"机械破坏器"。后来，英国人觉得这个名字既不好叫，也不准确，干脆就把它叫作"坦克"了。

像许多新生事物一样，坦克模型和研制计划刚被提交给英国陆军部时，并没有博得多数军方要人的青睐。当时的陆军大臣，竟把它看成是一个"美妙的机械化玩具"。倒是海军大臣丘吉尔独具慧眼，认为这是一件了不起的发明。他千方百计地筹集研制"坦克"的资金，鼓励他尽快将这种新武器投入批量生产。1916年7月，首批坦克制造出来了。然而，许多人对这些"机械破坏器"的实战作用还是将信将疑，有人公然反对将它们投入战场。英军司令海格力排众议，他果断地决定，将首批新式武器投入索姆河战役。

处于试制阶段的36辆坦克，性能还不太完善，结构缺陷也在所难免；加之，首批驾驶员是第一次接触这些新玩意儿，又没有受过充分的专门培训，所以驾驶技术较差，操作失误较多。结果，约半数坦克在途中瘫痪了，半数开上了战场。

十几辆坦克，真的像巨兽一样隆隆地冲进德军阵地。德军官兵们都被这些从来没有见过的"怪物"吓呆了。好在这些怪物跑得不太快（时速约6公里），他们便驾机枪起来射击。可是一排排的子弹碰上那坚硬的甲板，纷纷滚落下来，"怪物"安然无恙地继续扑过来。德军官兵们吓得目瞪口呆、心惊胆战，纷纷转身逃避。结果，有的坦克掩护着步兵占领了一个村庄，有的坦克突破并横越德军的一条战壕，其中300多名吓呆的德军官兵，乖乖地做了俘虏。

坦克战初露锋芒，德军为之丧胆，英人为之鼓舞。

1917年春季，德国与俄国新生的苏维埃政府签订了《布列斯特和约》，实现了德俄停战。德国最高统帅部决定，立即将东线的大批军队调去西线，加强对英、法的攻势。同年冬季，英军司令海格将军决定，在法国北部发动一次强大攻势，突破德军防线。在讨论具体作战方案时，有人坚决主张利用大批坦克作战。但不少人认为，坦克无法越过沼泽地，也不能越过较宽的堑壕（当时德军为了防止坦克攻击，已将堑壕挖到4米宽）；只有在干燥坚实的地面上，才具有机动性和威力，难以找到这样合适的战场。还有人担心，在前线集结大批坦克，难以保守秘密。这些疑虑当然都不无道理。

然而，坚持要在战役中使用坦克的、总参谋部的富勒上校，却已胸有成竹。他建议将突破地段选在康布雷镇一带。因为康布雷的西、南两面土地坚实，仅有一些小溪和狭窄的河堤；而且在附近的两条运河之间，是大约10公里的开阔地。总之，这些地形、地貌非常适宜坦克的运动，可以充分发挥其机动性和威力。再者，德军的6个师就驻扎在两条运河之间，正是坦克的打击对象。富勒还讲述了他对如何保守调集大批坦克的秘密和如何解决坦克跨越宽壕沟等问题的具体设想。

与会者都被富勒说服了。会议决定，采纳富勒的建议，在康布雷镇一带对德军发动进攻，调集大批坦克掩护步兵突破德军防线。不久，300多辆坦克陆续开到英军防线后面，隐蔽在一片大树林中。同时，将每辆坦克都涂上了具有伪装、保护作用的迷彩斑纹。坦克的调动，是在严格保密条件下进行的，可谓"神不知，鬼不觉"。

1917年11月20日清晨，多架英军飞机，在康布雷镇附近的英军防线一侧低空盘旋飞行，发出震耳的轰鸣声。这是精心安排的，意在用以掩盖可能被德军觉察的坦克出动时的隆隆巨响。不一会儿，300多辆坦克从树林中陆续开了出来，沿着预先作出的标志，向德军阵地扑去。

德军前沿阵地的铁蒺藜等路障，在隆隆声中被压在履带底下，失去作用。

接着出现的是，几条数米宽的壕沟。怎样通过呢？但见一捆用铁链捆得紧紧的木棍等物，纷纷从坦克上被扔进壕沟中。刹那间，壕沟被填平。坦克随即越过了壕沟。当然，也有一些坦克陷进壕沟里。

越过宽壕的坦克，边打炮边向前推进。德军惊慌失措，他们枪炮齐发，但几乎都无济于事。他们或者被打死、打伤，或者举枪投降，或者撒腿就跑，节节败退。到傍晚时分，坦克群向德军阵地推进6公里多，7000多德军官兵成了俘虏。尽管有几十辆坦克中炮被毁，百余辆坦克没有越过宽壕或中途抛锚，但是，这次坦克战还是取得了惊人的战绩。德军最高统帅部，对英军这次大规模坦克袭击和康布雷的陷落十分震惊。世界史上的第一次坦克战，当时也成了轰动世界的新闻。

尽管因英军后续兵力不足，康布雷后来又被德军夺了回去，然而坦克在陆军阵地战中的威力，在康布雷战役中业已可见端倪。

# 意军入侵埃塞俄比亚

埃塞俄比亚位于非洲东部，北靠红海，东南西同索马里、肯尼亚、苏丹为邻。墨索里尼执政后，一直把埃塞俄比亚作为重要的侵略目标。

1935年10月3日，意大利不宣而战，派出30万军队从厄立特里亚和意属索马里出发，分北、东、南三路大举进攻埃塞俄比亚。意军采取突然袭击，陆空协同作战，企图速战速决，迅速占领埃塞俄比亚。意军北方方面军辖3个军（10个师），其兵力为侵埃军队的三分之二，在同厄立特里亚接壤的埃塞俄比亚边境上展开，集中优势兵力向德西埃和亚的斯亚贝巴方向实施主要突击。意军南方方面军由2个战役集群（各2个师）编成，预定向哈拉尔方向实施辅助进攻，旨在牵制尽可能多的埃军。中央方面由1个师和部分辅助部队编成，其任务是从阿萨布地区穿过达纳基尔沙漠对德西埃实施辅助进攻，负责保卫南北两个方面军的侧翼安全。埃塞俄比亚人民没有被意军突然袭击吓倒，海尔·塞拉西一世皇帝动员了100万人，发誓要击退意大利的进攻。但是他的军队除了1万名禁卫军外，其他各省的部队装备极差，又缺乏训练，又由于分属各省封建主统领，作战中难于统一调度互相支援，虽然给敌军一些沉重打击，终不能抵挡住法西斯侵略军的进攻势头。10月7日，国际联盟宣布意大利为侵略者，禁止会员国向意大利输出武器和战略物资。

1936年5月1日，海尔·塞拉西一世皇帝流亡英国。之后，意军进入首都亚的斯亚贝巴，墨索里尼宣布兼并埃塞俄比亚，他兼任埃塞俄比亚皇帝。直到1941年4月，在盟军的支持下，埃塞俄比亚才得以光复。5月5日，海尔·塞拉西一世皇帝返回首都，埃塞俄比亚重新获得独立。

# 德军开进莱茵兰

1936年3月7日，希特勒在德国实行普遍义务兵役制几乎一年时，他派大批军队跨过莱茵河，进入莱茵兰地区。这是一次军事冒险行动，一方面为德国向奥地利和捷克斯洛伐克扩张解除后顾之忧；另一方面也试探一下英法对德国重新武装莱茵兰地区的反应。

莱茵兰是历史上有争议的西欧地区，傍莱茵河，位于近代德国与法国、卢森堡、比利时、荷兰边界以东。莱茵河流经其西，形成德法两国的界河。第一次世界大战后，凡尔赛和约规定协约国军队占领德国莱茵河左岸和右岸莱茵兰地区，占领期限为5～15年，而且规定左岸和右岸各50公里以内为永久非军事区。

1936年2月，苏联和法国签订了互助条约，希特勒宣称苏法结成军事联盟，破坏了洛迦诺公约，德国也不再受凡尔赛条约和洛迦诺公约束缚了。3月7日，德国出动19个营和12个火炮连共约3万人，出其不意开进莱茵区。希特勒一方面武装占领莱茵兰非军事区，一方面外交上施放烟幕，表示愿意同法国、比利时及东方邻国签订互不侵犯条约，愿意使法德边界实行非军事化，愿意返回国际联盟。但是，对于德国这一违犯凡尔赛和约的行动，英国采取了超然态度，法国也只是发表一纸抗议，没有采取任何军事行动，这就更加助长了希特勒侵略扩张的野心。希特勒公开为其侵占莱茵兰非军事区进行辩护，说他所以调兵遣将，是因为德国受到了共产主义的威胁和处在法国的"钢铁包围"之中，由于其他国家对德军进占幕茵兰反应不强烈，德国其他部队随后也开进了莱茵兰。3月29日，德国就上述事件举行了公民表决，结果，4400万张票赞成希特勒的这一行动。占投票人数的99%。希特勒得到国内大多数人的支持。更加气焰嚣张，叫喊要"建立欧洲新秩序"，发动侵略战争的面目一天比一天暴露得更清楚了。

# 德意武装干涉西班牙

1936年2月16日，西班牙进行国会选举，人民阵线获胜，随后由共和党左翼和共和同盟组成联合政府。新政府进行了一系列的资产阶级民主改革。对此，西班牙国内的反动派十分仇视，阴谋推翻共和国，建立法西斯专政。7月18日，西班牙的法西斯分子在希特勒和墨索里尼的支持下发动了叛乱，向刚刚由西班牙民主力量组成的左翼共和党人政府发动进攻。前陆军参谋长、现任加那利群岛部队司令弗朗哥充当了叛军首领。全国14.5万部队中有10万名倒向了叛军。弗朗哥的叛乱一开始就得到了德、意法西斯的支持。7月28日，德、意便派飞机帮助叛军运送战争物资和弹药，3个月的时间，共往前线运送32.4万多名士兵，400余吨作战物资，轰炸西班牙城市462次之多。当年10月又派正规军到西班牙作战。德军约5万人，意军约15万人，并提供大量武器装备支援叛军。德、意法西斯的直接参战，改变了西班牙战争的性质，由内战变成了反法西斯的民族革命战争。

德、意入侵西班牙后，英、法等国采取了不干涉主义。1936年8月1日，法国政府向有关国家建议："迅速通过并立即实行一项不干涉西班牙内战的协定"，到9月30日，先后有27个国家缔结了"不干涉协议"，并在伦敦成立了"国际不干涉西班牙事务委员会"，禁止向西班牙输出武器和军用物资，禁止西班牙购买的武器过境。西班牙人民反法西斯斗争处于极端困难的境地。只有苏联于当年10月向西班牙合法政府出售武器，并提供贷款。

西班牙人民反对德、意法西斯和弗朗哥叛乱的斗争，一开始就得到了各国无产阶级和进步人士的同情和支持。

1936年9月，共产国际鉴于西班牙政府缺乏正规军，号召各国的共产党员和进步人士中受过军事训练的人员，志愿到西班牙参加反法西斯斗争，并成立了国际纵队司令部。先后有54个国家的志愿人员，约4.2万余人组成6个国际旅，即第11、12、13国际旅和第15、150、129国际旅，还有一些人直接编入了共和国国防军。

由于英、法、美等大国的"不干涉政策"，更加助长了德、意法西斯的气焰。

1936年10月1日，弗朗哥宣布他为西班牙国家元首，11月18日，德、意正式承认佛朗哥政权。战争的头两年，德、意向弗朗哥提供了1650架飞机、1150辆坦克和装甲车、2700门大炮、数十万支步枪、750万发炮弹、17万枚航空炸弹、7600辆汽车和大量军需物资。整个战争期间，德国约派遣了5万名干涉军，意大利派出了15万名干涉军，德国耗资5亿马克（原德国货币单位），意大利花费140亿里拉（原意大利货币单位）。西班牙人民反法西斯的战争进行得极其残酷，在一系列大规模战役中，曾多次给敌人以沉重打击，但由于英、法的不干涉政策和西班牙共和国在政治上和军事上犯了一系列严重错误，战局对共和国政府越来越不利。

从1936年10月起，敌军曾多次向首都马德里进攻，一次次都被击退。1939年3月的马德里保卫战中，原中部军司令卡萨多上校和右翼社会党人贝斯太罗在马德里发动政变，向弗朗哥投降，开放了通往马德里的通道，3月28日，马德里陷落，西班牙共和国灭亡。此前，2月27日，英、法正式承认弗朗哥政权。4月1日，美国宣布承认弗朗哥政权。4月7日，西班牙宣布加入德、日、意反共产国际同盟。

# 德国吞并奥地利

希特勒为了实现吞并奥地利的野心，对军事和外交领导机构进行了改组。由于国防部长勃洛姆堡、陆军总司令弗里奇和外交部长牛赖特对希特勒吞并奥地利和捷克的侵略计划表示怀疑，认为那样做太冒险，会引起英法等国的干预，造成德国两面作战，以致招至失败，希特勒对德国军事和外交部门进行了清洗。

1938年1月，撤掉了16名高级将领，还将44名军官调到基层任职，他自己接管了武装部队的统辖权，取消军事部，设立武装部队最高统帅部，又撤换了外交部长，"将一切政治、军事、经济大权高度集中于元首手中"。并在1937年至1938年间，支使奥地利纳粹分子不断制造事端，捣乱破坏，迫使奥地利当局查封了奥地利纳粹组织的中央机构。希特勒乘机插手奥地利内政，他把奥地利总理舒士尼格召到伯希特斯加登，当面对他提出一系列要求：取消对纳粹党的禁令，释放被监禁的纳粹分子，任命一批纳粹头子为内政部长、国际部长和财政部长，并把奥地利并入德国经济体系。舒士尼格被迫接受了希特勒的条件。希特勒还扬言，保护居住在奥地利和捷克境内的1000万日耳曼人是"德国的职责"。希特勒的吞并言行激起了奥地利人民的强烈愤慨，纷纷举行游行示威、罢工，要求维护奥地利的独立，抵抗德国的吞并。由于广大群众的反对和压力，舒尔尼格决定4天后实行公民投票来决定奥地利的独立问题，让人民在他和纳粹之间做选择，以挽救其政府。但这时希特勒与奥地利纳粹内政部长阿图尔·塞斯——因克瓦特取得了联系，命令他取消公民投票，并授意塞斯以奥地利政府的名义请求德国出兵，帮助维持社会秩序。

1938年3月12日，德军越过边界，兵不血刃地占领了整个奥地利。13日，德奥签署了合并的法律，奥地利成为德国的"东方邦"。14日，希特勒从他临时司令部所在地林茨进入奥地利首都，40辆坦克在前面开路，坐满军官的警车做后卫。希特勒站在敞篷汽车上。身着棕色突击队员军队，向狂热地支持者们几乎是歇斯底里地挥手致意。支持者们手拿纳粹旗帜，有些人还把纳粹标志缝在奥地利国旗上。希特勒在维也纳宣称："不管发生什么事，我们今天宣称的统一的德意志帝国，再也不会被任何人所分裂，永远不会处于分裂状态。"希特勒还签署了由他担任德国和奥地利军队总司令的命令，所有奥地利士兵都要绝对忠于他。原奥地利总理舒士尼格及其他一些人被捕，纳粹分子塞斯因克瓦特被任命为省长。4月10日，希特勒在奥地利举行所谓公民投票，取得了兼并奥地利的合法权利。

# 张鼓峰事件

随着德国在欧洲侵略扩张的加紧进行。东方的日本也在紧锣密鼓地进行侵略战争的准备，建立了适应战争的领导体制。1936年8月7日，日本政府召开了有首相、陆相、海相、外相、藏相参加的五相会议，通过了发动侵略战争的纲领性文献《国策基准》，确定了日本向外侵略扩张的基本国策和方针。"国策"规定日本的"根本国策在于外交和国防互相配合，确保帝国在东亚大陆地位的同时，向南方海洋方面发展"。又分别对大陆政策、海洋政策，陆军、海军和外交的方针作了明确规定，指出，大陆政策的基本方针"在于企求满洲国的健全发展，日满国防的巩固，消除北方苏联的威胁，同时防范英美，具体实现日满华三国的紧密合作。"海洋政策的基本方针在于"对南方海洋，特别是外南洋方面，努力促进我国民族经济的发展，一面避免刺激他国，一面以渐进的和平手段扩张我国势力。"陆军军备以能对抗远东苏军为目标；海军以能对抗美国海军、确保西太平洋制海权为目标；确保军部操纵日本外交、内政和经济。这个《国策基准》的制定，是日本发动大规模侵略战争的重要准备。

1937年11月21日，日本发动全面侵华战争后，又进一步加强了部队指挥系统的建设，设立了直接向天皇负责的最高统帅部大本营，行使统辖权，下设陆军部和海军部。大本营与政府不发生直接关系，内阁总理以下官员不能参加大本营会议。之后，为了协调政府和军方的关系，又改为大本营和内阁联络会议，作为战争最高决策机关，调整政策和策略，对战争实行统一领导。1944年8月4日，又改为最高战争指导会议。

　　1938年3月26日，日本政府颁布了《国家总动员法》，它以法律的形式授予政府以极大的权限，把整个国力纳入了战争轨道。政府可以随时无条件地动员一切人力、物力、财力满足战争的需要。

　　同欧洲形势相对应，日本法西斯势力也加紧了在远东的战争准备活动，把攻击的矛头对准苏联，频频制造事端，挑起武装冲突。张鼓峰事件只是其中之一。

　　张鼓峰位于中国吉林省珲春市，临近苏联边界，曾一度成为有争议的地区。苏联把这一地区作为苏联领土，日本则将这一地区划入侵朝日军的防卫地域。1938年7月9日，苏联边防部队10余名士兵进入张鼓峰修筑工事，后来增加至一个排。19日，侵朝日军第19师在与张鼓峰隔岸的图们江西岸集中了4个步兵连、2个山炮营和1个野炮营，企图借机寻衅。29日，日军渡江击退进至张鼓峰附近沙草峰的另一支苏军小分队。随后，苏军陆续来援，重占了沙草峰。31日，日军以2个步兵营的兵力，在炮火支援下攻占了张鼓峰和沙草峰。以后，苏军除以小分队积极反击、以航空兵对日军阵地及后续部队进行轰炸外、大量前调部队，准备反攻。到8月5日，苏军在张鼓峰附近地区调集了3个步兵师和3个坦克营。6日，苏军步兵第32师配属1个坦克营向沙草峰发起进攻，步兵第40师配属1个坦克营向张鼓峰发起进攻，步兵第39师配属1个坦克营在右翼担任掩护任务。苏军先后投入2万多兵力，近百门大炮和200多辆坦克，经过5天激烈战斗，苏军占领了张鼓峰地区日军部分阵地，歼灭日军7000多人。10日。双方达成停火协议。

# 慕尼黑协定

　　慕尼黑是德国的第三大城市，巴伐利亚州首府。20世纪20年代希特勒在这里参加了国家社会主义并成为党魁，1923年他在这里的啤酒馆举行起义，反对巴伐利亚当局。第二次世界大战前夕，德、英、法、意四国代表在这里集会，会议达成协议，允许德国吞并捷克斯洛伐克西部苏台德地区。

　　1938年3月，希特勒轻易地将奥地利并入德国以后，立即觊觎捷克斯洛伐克。当时，苏台德区有300万日耳曼人，德国大造苏台德区日耳曼人受压迫的舆论，鼓动这个地区的日耳曼人制造事端，以便乘机侵占苏台德区。当年5月，希特勒签发了侵捷的"绿色方案"，宣称："我的不可变更的决心就是在最近以军事行动粉碎捷克斯洛伐克"，为此，要制造一个"使德国忍无可忍的事件发动闪电式的进攻"。为了实施这一方案，希特勒动员4个集团军以上的兵力，南北夹击，消灭捷军主力。希特勒不断发表气势汹汹的演说，要求在捷克斯洛伐克的日耳曼人与祖国重新统一；战争迫在眉睫。苏联坚决支持捷克斯洛伐克。法国和英国政府感到猝不及防，但是两国都迫切希望不惜一切代价避免与德国对抗。9月中旬，英国首相张伯伦亲自同德国元首讨论形势，希特勒也做了一些让步，放弃一举侵捷的战争计划，先占领苏台德区，同意在进一步讨论以前不采取任何军事行动。而张伯伦也同意说服他的内阁和法国政府接受在苏台德区举行公民投票的结果。接着，法国总理拉达第和外长博内相继抵达沦敦，他们拟了一份联合建议，不征求捷克斯洛伐克政府和人民的意见，规定苏台德区日耳曼人占50%以上的部分都归还德国。但捷克拒绝接受这一方案。英法政府非常恼火，继续向捷施加压力。捷克政府被迫同意，在向全国人民广播中说："我们没有别的选择。因为我们被抛弃了。"捷克斯洛伐克人民群情激奋，举国抗议，布拉格举行了20万人的集会游行，全国一致反对德国兼并苏台德区。捷政府总理被迫辞职。9月2日，张伯伦再次飞往德国与希特勒会晤，这时希特勒的价码又抬高了，要求10月1日以前占领全苏台德区，捷克斯洛伐克人必须从那里撤出。张伯伦同意将这个意见转给捷克斯洛伐克，结果，捷、英、德、意四国会议，讨论捷克斯洛伐克领土割让问题，以稳定欧洲局势。9月29日，英、法、德、意四国首脑张伯伦、达拉第、希特勒、墨索里尼在德国南部的慕尼黑开会。捷克斯洛伐克政府代表虽然来到慕尼黑，但被排斥在会场之外，两名代表被冷淡地带进隔壁的一个房间，从下午2时直到晚上7时，等待四国首脑对他们的"判决"。会上，墨索里尼拿出一份由德国起草的协定草案，英法立即表示赞成。9月30日凌晨1时，四国签署了《慕尼黑协定》。协定规定，将捷克斯洛伐克的苏台德区和奥地利接壤的南部地区割让给德国；捷方应于10月1～10日之间从上述领土撤退完毕，上述领土的军事设施、厂矿企业、运输工具等必须无偿交给德国；德意志人占多数的地区由德军分阶段占领，其余地区由"国际委员会"确定其归属；捷方应在3个月内满足匈牙利和波兰的领土要求。深夜讨论结束后，英国人才招来捷克代表，由两名工作人员向他们宣读了协定文本，并交给他们一份捷克斯洛伐克撤出苏台德区的地图。当捷克代表提出异议时，英国表示"这是无权上诉和不能修改的判决词"。捷克就这样被出卖了。慕尼黑协定助长了德国侵略扩张的野心，破坏了国际反法西斯力量的联合，严重恶化了国际局势，加速了第二次世界大战的全面爆发。

慕尼黑协定后，希特勒加紧了侵略扩张的步伐。1939年8月15日，德国军队开进了捷克斯洛伐克首都布拉格，并宣布把捷克并入德国。斯洛伐克表面上宣布独立，实际上是德国的傀儡政权。当德军进入布拉格时，群众瞪着愤怒的眼睛嘲笑他们，一些人躲到小巷里号啕大哭。当天夜里，整个城市实行宵禁。公共建筑和银行都被德军接管。盖世太保手里握着名单到处抓人，布拉格陷入一片恐怖之中。

# 德意《钢铁公约》

1939年5月22日，德国和意大利正式签署了《德意友好同盟条约》，即《钢铁公约》。这个条约内加一秘密附约，规定："德国人民和意大利人民因其世界观内在的血缘关系及其利益上的广泛一致性，相互紧密地团结在一起，决心将来也并肩地站在一起，为保障他们的生存空间和维护和平而共同奋斗。"条约还规定，如果缔约一方受到外来威胁，另一方应在政治上和外交上给予全力支持；如果缔约一方同一国或数国发生战争，另一方应立即以其全部军事力量在地面、海上和空中予以援助；缔约双方政府应在军事和战争经济方面进一步加强合作；缔约双方在共同进行战争的情况下，只有征得双方的完全同意才能缔结停战与和平协定。这个反动同盟，后来又有日本加入进来，形成了第二次世界大战的策源地。他们之间的钢铁联盟也与他们的命运一样，在反法西斯力量的打击下，终于覆灭了。

# 诺门坎会战

1939年5月11日，蒙古边防骑兵在哈拉哈河东岸巡逻时，突然遭到伪满边防队的袭击。被迫撤回西岸。几日内双方又发生数起战斗。

13日，侵华日军第23师派出1个骑兵连、1个坦克连和1个步兵连前往增援，在轻型轰炸机的支援下，将蒙军赶回河西岸。几天后，蒙军和驻蒙苏军不断增援，并在河东岸设防。28日，日军又派出1个步兵团约2000人，配属6门火炮。向东岸的苏蒙军发起进攻，遭到苏军2个骑兵团、1个坦克旅、1个机步营和摩步36师部分兵力的猛烈抵抗，伤亡惨重，被迫撤出战场。6月，双方进一步集结兵力，双方有近百架飞机展开了激烈空战。7月初，日军第23师（3个步兵团、1个炮兵营）及坦克第1师主力（约68辆坦克、18辆装甲车和2个步兵营）发起进攻，企图围歼哈拉哈河东岸的苏蒙部队。苏蒙军以坦克第11旅（150辆坦克）、摩托化装甲第7旅（154辆装甲车）、摩步第36师的1个团和蒙军的1个装甲营，在炮火和空军的支援下，实施反击，日军遭到重大伤亡，被迫转入防御。8月4日，日军组建了第6集团军，下辖23师、第8边防队及临时配属的部队共7.5万人、500门大炮、182辆坦克、300余架飞机，企图长期与苏蒙军对峙，伺机再发动进攻。这时，苏军也积极调集兵力，7月15日，驻蒙苏军第57个特别军改组为第1集团军级集群，由朱可夫任司令，下辖摩步第36师、步兵第57师、82师、坦克第11旅、第6旅、摩托化第7、8、9旅、步机枪第5旅、骑兵第8师、空降兵第212旅、蒙古骑兵第6师，以及炮兵部队和其他临时配属的部队，共5.7万人、498辆坦克、385辆装甲汽车、542门火炮和迫击炮、2255挺机枪和515架战斗机。此外，还调集5.5万吨弹药、燃料，食品和其他物资。8月20日，苏军发起总攻，以南方、北方和中央三个集团采取正面牵制和南北合击的打法，经过4天的调动，完成了对日军的合围，经半个月激战，至31日，被围日军除2000人突围外，全都被歼，死伤及被俘5万多人。

此后，日军未敢再次挑衅，直至1945年8月苏军发动远东战役前，日苏双方再未发生大规模军事对抗行动。

# 闪击波兰

1939年8月31日，经过21年不稳定的和平时期。欧洲再一次陷入了战争。这天晚上。150万德军在夜幕笼罩下按计划向入侵波兰的前沿阵地移动时，德国广播电台于晚9时正式播放希特勒对波兰的16点"和平"建议。与此同时，戈培尔和希姆莱精心导演了代号为"罐头鹅肉"的"格莱维茨电台事件"。他们精选一群德国党卫队员，令其穿着波军服装，突然袭击靠近德波边境的格莱维茨电台，而把事先注上麻药的德国囚犯放在那里，冒充被打死的德国士兵。然后占领电台，用波兰语广播反德言论，以此制造一个波军偷袭电台的事件，为德国入侵波兰制造借口。

9月1日，德国北方集团军和南方集团军53个师，150万人、2500辆坦克、6000门大炮和迫击炮，以及2000多架飞机、40艘舰艇，由陆军总司令瓦特·冯·布劳希奇大将指挥，分多路向波兰发起闪电式攻击。波兰按原定的动员和作战计划，可以出动39个师16个旅连同80个民防营约100余万人，编成7个集团军4个集群，装备870辆坦克、4300门大炮、824架飞机和16艘舰艇。但在战争爆发时，还未完成动员和展开，兵力的

70%都作为战略第一梯队布置在波德和波捷边境。其意图是以边境战斗迟滞德军推进，争取时间进行战时动员，并等待英法参战。波德战争历时36天，分为三个阶段：第一阶段从9月1日至8日。9月1日凌晨，德军首先以航空兵突袭波兰21个机场和其他战略要地，同时以舰炮轰击沿海基地，随后兵分三路大举入侵。德南方集团军群第10集团军。在南翼第14集团军和北翼第8集团军掩护下，以强大的装甲摩托化部队向维斯瓦河中游实施主要突击。该集团军迅速突破波军西部和南部防线，重创波兰罗兹和克拉科夫两个集团军，其先头部队于8日逼近华沙。德北方集团军群所属第4集团军和第3集团军一部，分别从波莫瑞和东普鲁士出发，向格鲁琼茨方向实施钳形突击。到9月5日，德军完全割裂波兰走廊，完成了对波兰波莫瑞集团军北翼的合围。尔后，第4集团军主力东渡维斯瓦河，第3集团军主力则从东普鲁士向南突击，进而强渡纳雷夫河，向华沙以东迂回包围。至此，波军第一梯队的防线被完全突破。

第二阶段从9日开始。波军于9日撤往纳雷夫河、维斯瓦河、桑河一线继续防御，第二梯队普鲁士集团军仓促投入战斗。在维斯瓦河以西，波兰波兹南集团军自9日起强渡布祖拉河，向东南方向德军第8集团军的翼侧实施反突击，企图与华沙守军会合。德军受挫后，急调12个师1个旅，一举合围波兹南和波莫瑞2个集团军。18日，波军一部突出重围，12万人被俘。与此同时，11日在维萨山和腊多姆附近，波兰普鲁士集团军被围，6万人被俘。17日，布格河以西的波兰重兵集团被围。

第三阶段，9月16日，波兰政府和统帅部迁往国外，被分割的军队失去统一指挥，但许多部队仍在顽强抗击。20日有6万人被俘。25日，德军约1200架飞机轰炸华沙市区，华沙军民奋起反抗。波军约12万人于27日投降。10月6日，最后一批波军向德军投降，波兰沦亡。这场战争，波军伤亡20万人，被俘约40万人，逃往国外22万人，德军伤亡近4万人。

与此同时，9月17日，苏联军队从东部边境开进波兰，打退了波军的防御力量。18日与前进的德军相遇。在波兰，苏联占领土地面积约37.65万平方英里，人口1280万；德军占领了波东部卢布林一带及其以西的大片土地，包括华沙在内。这场战争遭到全世界所有主权国家的谴责，它显示了一场新的世界大战即将爆发。

# 第二次世界大战爆发

1939年9月1日清晨，德国大举进攻波兰。当天，英法两国便向德国提交了"紧急警告"，企图阻止德国继续向波兰内地推进，但德国不予理会，继续大规模向波兰进攻。9月3日，英法两国又向德国发出了最后通牒，要德国"终止一切对波兰的侵略行为，并从波兰领土上撤出军队。否则，联合王国和法国将履行我们的义务"去援助波兰，英国和法国的军队将同希特勒领导的德国军队作战。希特勒拒绝了英法的最后通牒。3日上午11时15分，英国首相向全国广播宣布，英国与德国进入战争状态，下午5时，法国也宣布同德国进入战争状态。第二次世界大战爆发了。

为了适应战争的需要，英国组成了战时内阁。内阁的主要成员是：首相张伯伦，外交大臣哈利法克斯，掌玺大臣塞尔伯爵，财政大臣约翰·西蒙，国防协调大臣查特菲尔德，不管部大臣汉基，海军大臣温斯顿·丘吉尔，陆军大臣霍尔·贝利沙，空军大臣金斯利·伍德，自治领大臣安东尼·艾登，内政大臣兼国内安全大臣约翰·安德森。后两人为战时内阁非正式阁员。新内阁成立不久，1940年4月3日又进行了改组，国防大臣查特菲尔德辞职，丘吉尔被任命为国防委员会主席，5月1日，又授权领导英国三军参谋长委员会。英国宣战的同时，决定对德国实行海上封锁，接着便在挪威海布雷。1939年10月初，英国远征军启航赴法人数已达2个军，共16万多人、23000辆战车。

9月6日，法国第4集团军先遣部队越过德法边界，在齐格菲正面的有限地域实施了一次象征性进攻。法德两军从此直接对峙，但无战事。

虽然英法对德宣战了，但实际上是宣而不战。从宣战到1940年5月德国进攻西欧前，在西战场。86个法国师、4个英国师与23个德国师相对峙，但英法军队却没有发起大规模进攻，8个月的时间，没有发生过一次真正的战斗，西方舆论称之为"假战争"。英国飞机在德国上空散发了600万份传单，标题是《大不列颠警告德国人民》，呼吁德国人民"坚持和平"，告诉他们英国将在这场战争中歼灭德国。

10月14日，德国海军潜艇用鱼雷击沉英国军舰"皇家橡树"号，800多名官兵丧生，只有396人幸存。两个月后，"雅典娜"号班轮也被纳粹潜艇击沉，112人丧生。

# 德苏瓜分波兰

　　1939年9月1日，德国调动150万军队，以闪击战的形势进入波兰领土。自德国入侵波兰以来，已有6万波兰人被屠杀，约20万人受伤，70万人被俘。德国进攻并占领波兰领土，对苏联的安全构成了直接的威胁。苏联出于防御的需要，进行了局部动员。列宁格勒（今圣彼得堡）、加里宁格勒、莫斯科和哈尔科夫军区、基辅和白俄罗斯特别军区的预备兵员实施集训。基辅和白俄罗斯特别军区进入战备状态，建立乌克兰和白俄罗斯方面军指挥机构，以应付西部边境的紧张局势。9月17日凌晨3时，苏联政府照会波兰驻苏大使格日波夫斯基，照会指出说："波兰政府已经崩溃"（波兰政府已于16日逃亡国外），"苏波之间缔结的条约已归于无效"，"波兰已成为可能对苏联造成威胁的种种偶然和意外事件的方便场所"，苏联政府"再不能以中立的态度对待这种局势了"，"苏联政府对居住在波兰境内的同胞——乌克兰人和白俄罗斯人的命运不能采取漠不关心的态度"，因此，苏联政府派军队越过国界，把西乌克兰和西白俄罗斯居民的生命财产置于自己的保护之下。格日波夫斯基拒绝接受这一照会。18日，苏联政府将这一照会散发给各国驻苏外交代表，并在报刊上予以公布。实际上，17日凌晨5时40分，苏联的白俄罗斯方面军和乌克兰方面军以7个集团军约40个师的兵力，越过长达1000余公里的苏波边界，进入波兰东部，没有遇到激烈抵抗。18日，苏军与进攻波兰的德军在布列斯特相遇。德军为避免与苏军发生冲突，停止前进。22日，德军开始向苏德双方8月23日确定的分界线撤退。苏军随即从德军手中接管了布列斯特要塞并迫使德军投降。苏军这次行动持续12天，向西推进250～350公里。俘虏波军24万人，缴获飞机300架。苏军阵亡734人，伤1862人。9月28日，根据《苏德互不侵犯条约》的规定，苏德正式签订了《德苏边界友好条约》，把波兰领土一分为二，作为两国国界。苏联占领波兰约20万平方公里、1300万人口地区。11月，西乌克兰和西白俄罗斯并入苏联的乌克兰和白俄罗斯加盟共和国，波兰被瓜分了。

# 苏军突袭芬兰

1939年11月30日，苏联飞机对芬兰进行了低空轰炸后，接着苏军分陆、海、空三路入侵芬兰。苏军列宁格勒军区所属部队主力，从卡累利阿地峡向维普里总方向实施突击，以歼灭芬军主力，迫使芬兰交换土地。苏军参战的总兵力，初期为18个步兵师5个坦克旅，约50万人，后增至45个步兵师7个坦克旅，约100万人，编成4个集团军（后增至6个集团军），装备1500辆坦克和800架飞机，另有北方舰队和红旗波罗的海舰队一部参与支援。芬军以卡累利阿地峡为主要防御方向，实施持久防御，以待英法支援。芬军总兵力10个师若干独立营，共12.7万人，后增至30万人，装备60辆坦克和约100架飞机（后增至300架）。战争爆发后，芬军利用有利地形和严寒天气，实施"焦土政策"和小分队出击，对苏军的进攻进行了顽强的抵抗。苏军未达到预定目的，不得不逐渐增加兵力，调整部署，准备新的进攻。1940年2月~3月，苏军连续突破芬军第一防御地带和第二防御地带。3月12日，苏军围歼了芬军维普里集团的基本兵力，攻占维普里大部地区，迫使芬兰签订和约，13日停止军事活动。这场战争，芬军亡2.3万人，伤4.5万人；苏军亡 48745 人，伤 158863 人。

　　苏芬战争是苏联为改善西北边境的战略态势，以保障列宁格勒的安全为理由而发起的。1939 年 8 月德苏签订《德苏互不侵犯条约》时，芬兰、爱沙尼亚、拉脱维亚属苏联的势力范围。德国入侵波兰后，苏联和芬兰代表团会谈，提出为确保列宁格勒的安全和苏芬友好关系，苏联愿以每年 800 万芬兰马克租用芬兰的汉科港 30 年，并在该地区驻军 5000 人，建筑海军基地。苏联还要求芬兰割让芬兰湾的一些岛屿和面积为 2700 平方公里的土地，并将芬兰靠近列宁格勒的边界向北推移 20～30 公里，苏联让出 5500 平方公里土地给芬兰作为交换条件。苏联政府的这些要求，遭到芬兰政府的拒绝。此后，苏联借口芬兰炮击苏联部队，向芬兰政府发出最后通牒，宣布"芬兰已走上了直接对苏联发动战争的道路"，断绝同芬兰的外交关系，并派兵越过苏芬边界。向芬兰发动了侵略战争。这次战争的结果，仍然是按照苏联的意愿签订了和约。1940 年 3 月 12 日，苏芬签订和平条约，主要内容是：芬兰将包括维普里布在内的卡累利阿地峡、卡累利阿的一些地段、雷巴奇与斯列德尼半岛各一部、维普里湾及其岛屿和芬兰湾中的一些岛屿划归苏联；将汉科半岛及其附近水域租借给苏联 30 年。每年租金 800 万芬兰马克，苏联有权在那里建立海军基地和驻扎海、空军；苏军撤出其占领的佩特萨莫地区，苏联公民有权通过这一地区前往挪威；苏联货物有权在芬兰过境；缔约双方保证不向对方发动任何进攻，绝不订立或参加反对缔约国另一方之同盟或联盟。

苏联获得4.1万平方公里的芬兰领土。

# 开辟北欧战场

　　1940年4月9日凌晨，纳粹德国2个师从海上、空中和陆地越过丹麦边境，占领了哥本哈根，开辟了一个欧洲的新战场。丹麦人毫无准备，国王刚起床就接到了德国的最后通牒，德军没有受到任何抵抗就从陆路和海上长驱直入。在占领丹麦的整个过程，德军死2人，伤10人。当天，丹麦内阁召开紧急会议，决定放弃抵抗，接受最后通牒，向德国投降，成为德国的"保护国"。

　　德军入侵斯堪的纳维亚半岛的另一个国家挪威时，则遇到了强烈的抵抗。德国入侵丹麦的那天，就在挪威空降和登陆7个师，占领了首都奥斯陆和其他几个大城市及重要港口。挪威对德宣战，并炮击了行驶在奥斯陆海湾的4艘德国战舰。德国空军配合陆路和海路侵略军作战，但未进行轰炸，而是散发了大量传单，内容是指责英国使北欧卷入战争，"丘吉尔是本世纪最大的战争贩子"，他正准备进攻丹麦和挪威，而德军的入侵正是为了保卫这两个国家。

　　由于挪威合法政府和国王哈桑七世拒绝投降，并组织全国民众奋起抵抗侵略者，德军的入侵进程受到阻碍，未能迅速占领挪威全境。4月14日，挪威步兵仅存2个师，海、空军已被摧毁，重要的政治经济中心已被占领。4月下旬。德国向挪威增兵，英法联军也派了近4个师援助挪威，双方展开了激烈的争夺战，但已无力挽回局面。6月初，挪威政府和国王流亡伦敦。6月10日，挪威军残部投降，德国占领挪威全境。在2个多月的战斗中，挪军伤亡1700人，英法军伤亡4900多人，德军亡1317人，伤1604人，失踪2375人。英国损失航空母舰1艘、巡洋舰2艘、驱逐舰7艘，波兰和法国各损失驱逐舰1艘。盟国损失飞机112架。德国损失驱逐舰10艘，巡洋舰3艘，损失飞机127架。德军占领挪威，使他在北欧建立了重要的战略基地，对后来的战争产生了重要影响。

# 黄色方案

　　1940年2月24日，德军正式确定了进攻西欧的"黄色方案"，亦称"镰割计划"。主要内容是：德军以部分兵力向比利时进攻，吸引英法盟军进入比利时境内；以部分兵力向马其诺防线佯攻，钳制住大量法军；而以主力突击法国北部防线的中央。具体的做法是，以庞大的装甲部队穿越卢森堡，突破防御薄弱的阿登山区，绕过马其诺防线，出其不意地割裂法军防线，抢占色当，然后跨过马斯河，直插英吉利海峡，迫使英法盟军和比利时军队落入德军包围圈。

　　1940年5月10日凌晨5时35分，德军开始执行"黄色方案"，在北自北海、南至卢森堡南部边界一线，向荷、比、卢、法4国发起进攻。德军参战的总兵力为142个师（含10个装甲师和7个摩托化师）3个旅，编成3个集团群和预备队。2个航空队担任空中支援。装备有2445辆坦克、7378门大炮、3834架飞机。陆军总司令瓦尔特·冯·布劳希奇大将负责指挥。总体部署是：B集团军群辖2个集团军，配置在北海沿岸至亚琛一线，由第2航空队负责空中支援，任务是占领荷兰和比利时；A集团军群辖3个集团军和1个装甲集群，配置在亚琛至摩泽尔河一线，由第3航空队负责空中支援；任务是经卢、比边境的阿登山区迂回马其诺防线，向法国的圣康坦、索姆河口方向实施主要突击，把盟军的基本兵力逼向海边，与B集团军群协同将被围盟军歼灭；C集团军群辖2个集团军，配置在德、法边境一线，任务是牵制马其诺防线的法军。

盟军参战的兵力总计为147个师（104个法国师、9个英国师、1个波兰师、23个比利时师和10个荷兰师，其中包括23个装甲、机械化和摩托化师），装备有3000余辆坦克、1.4万门火炮、2400架飞机。法国的莫·居·甘末林将军任总司令。总体部署是：以3个集团军群构成东北战线，配置在法、瑞边境至敦刻尔克一线，准备全面抵御德军的进攻；以比军和荷军配置在列日省、安特卫普一线的"荷兰要塞"，以迟滞德军进攻，为英法盟军的展开争取时间。而东北战线的3个集团军群的任务是：第1集团军群辖4个法国集团军和英国远征军。在法国沿海至马斯河一线担任主要防御，在德军入侵时向比利时机动，在代尔地区占领防御阵地；第2集团军群辖3个法国集团军，防守法、卢和法、德边境的马其诺防线；第3集团军群辖1个法国集团军1个步兵军，沿莱茵河上游和法、瑞边境担任防御。

德军开始进攻时，首先以3000多架飞机袭击荷兰、比利时和法国北部的72个机场，一举摧毁数百架飞机。与此同时，德军B集团军群向荷兰和比利时北部展开进攻，空降兵在其后方着陆，夺占了机场、桥梁、渡口和防御支撑点。

德军占领荷兰1940年夏，德军未经宣战，就向荷兰、比利时、卢森堡发动了突然袭击。5月10日清晨德军飞机在夜暗的掩护下，向荷兰的城市和机场发动了猛烈的轰炸，为入侵的德军开辟道路。

德军进攻荷兰的主攻部队是"B"集团军群的第18集团军，实施决定性插入的是第9装甲师。德军第9师迅速越过边境，发挥机械化部队的优势，突破荷兰部队的防线，粉碎荷兰部队的沿途零星抗抵，直奔鹿特丹而去。

德军针对荷兰河流纵横的地理特点，抽调了精锐、机动化程度高的4000名空降部队官兵，组成5个突击营发起攻势。5月10日清晨，德国伞兵从天而降，突然出现在海牙、鹿特丹等城市附近的机场、桥梁，当天就占领了海牙附近的机场。第18集团军向荷兰东部进攻，很快突破了佩尔防线，占领了荷兰东北诸省。拥有10个师的荷兰军队被来自天空、地上、边境和后方的德军打得晕头转向，全线退却。抵达荷兰南部的法军第7集团军因无力支援荷军，于5月13日开始退入比利时。

突然袭击并没有使荷兰感到意外，他为抗击这个邻居的入侵已作了10余日的战争准备。事实上，开战以来至少有6架德军飞机被高射炮火击落。然而，德军配合有力的"闪电战"终使荷兰陷入流血与恐怖之中。不言而喻,荷兰在遭受入侵后立即对德宣战,女王威廉·敏娜向公众宣布"在我们的国家。凭良心审慎地严守中立之后。……德军在未发出任何通牒的前提下,突然袭击了我们的领土","他号召人民拿起武器,最大限度保持发自良知的警惕和镇定"。

5月12日,德军对荷兰的宣战不加理会,第9装甲师与占领莫尔狄克大桥的伞兵部队会合,当日晚上。第18集团军越过了大桥。在鹿特丹市以南同德军装甲部队和空运团会合,包围了"荷兰要塞"的守卫部队。5月13日,德军从东、南两面向"荷兰要塞"发起向心攻击,没有成功。5月14日,德军发现荷军主力部队已在浓雾和夜暗的掩蔽下撤走了。只留下了后卫部队坚守着阵地。当日下午在强大德军部队攻击下,守军投降,荷兰失去了最后一道防线。

当日,德军第18集团军司令向鹿特丹市发出最后命令,如不投降就将遭到摧毁。上午,德国空军对鹿特丹市进行了毁灭性轰炸,几乎将鹿特丹旧城全部摧毁。

当天,荷兰女王威廉·敏娜和内阁在作出投降决定之后,逃往伦敦。5月15日,荷军总司令温克尔曼将军要求其部下放下武器,以防止进一步的流血和毁灭,荷兰军队投降。荷兰的抵抗仅仅持续了5天就结束了。

德军占领比利时位于中欧,与法、德、荷兰接壤,与英国隔海相望。战略地位十分重要。一次大战以后,比利时出于对德国这个强邻的畏惧，沿着艾伯特河修筑了一座现代化的军事堡垒，埃本、埃尔马要塞。要塞向敌的一面是悬崖绝壁。艾伯特运河就流经崖下，要塞炮火控制着河上的三座桥梁，随时可断桥阻敌，要塞披有厚厚的装甲。可抵御重炮的轰击。要塞配有比军一个加强营防守，可谓万无一失，盟军方面认为，要塞是坚不可摧的。然而悲剧恰恰是从这里开始的。

1941年5月10日凌晨，天空微现曙光，一群"乌鸦"飞临比利时上空，给比利时人带来了战争和死亡。纳粹德国的飞机在布鲁塞尔、尼韦尔等地投下了大批炸弹，摧毁了许多政治、军事目标。安特卫普的机场受到猛烈轰炸，天明时，已有400多人死于轰炸。居民房屋被炸起火，烟雾弥漫，比利时和平居民对这突然的打击，手足无措，深为自己的生命安全担忧。

与内地的狂轰滥炸相反，德比边境却是一片宁静。在莱茵河畔科隆附近的一座机场，40架滑翔机在轻型飞机的拖曳下升入空中，直扑千里之外的比利时。机内装有德军的4个突击小分队，采取突击方式夺取要塞和运河上的三座桥梁。机群越过边境，滑翔机开始解缆，悄无声息地飞向目标。滑翔机降落在要塞顶部的平台上，突击队员们迅速扑向各个坑道口，把比军封锁在坑道中。滑翔机落地的沉重撞击声惊醒了睡梦中的比利时守军。比利时军队指挥官命令部下，迅速冲出坑道消灭要塞顶部的德国突击队。冲出的守军与奔赴而来的德军相遇，一阵机枪扫射，冲出的比军被打倒，后面的比军被封锁在坑道里。占领表面阵地的德军开始破坏炮台工事，几十门巨炮一弹未发，在短短的几十分钟里，一座经营20多年的要塞就失去了战斗力。德军突击队在地面部队的支援下，仅用30个小时就攻下了这座"欧洲最难攻克的工事"。夺取大桥的空降兵也按计划抢占了桥梁，大批的德军机械化部队跨过运河大桥。开向比利时内地，大门向魔鬼敞开了。

德军第6集团军夺取了埃本、埃尔马要塞，把艾伯特运河撕开了一个口子，迫使比军全线撤退，德国坦克部队则快速前进。这时，英法两国军队根据战前制订的"D"计划，向比利时机动，增援比利时守军。法国第1集团军的先遣部队前出到日昂布卢，意外地与德军坦克部队遭遇，双方投入了大量的坦克和火炮，爆发了二次大战开始以来最大规模的坦克战。法军先遣部队顶不住德军的猛烈进攻，在没有进入即设阵地的情况下，被德军逼迫退过迪尔河。第二天，德国与法国第一集团军主力及英国远征军发生激战，英、法和比利时军队死守迪尔河防线，双方僵持不下。5月14日荷兰投降以后，进攻荷兰的德第18集团军增援第6集团军，突破了英、法盟军在迪尔河的防线，于5月17日占领了比利时首都布鲁塞尔，并继续向西进攻。进攻法国的"A"集团军群的坦克部队也已攻到英吉利海峡，并向北推进。

在德军强大优势兵力的打击下，5月28日，比利时国王奥波德命令比军向德军投降，比利时的黑暗时期开始了。

德军入侵荷兰、比利时，是其入侵西欧的重要战略部署。1939年德国入侵波兰后，英法两国对德宣战，希特勒为了避免两面作战，决定先占领西欧再东进侵入苏联。为了蒙蔽英法两国，在积极准备向西欧进攻的同时，高唱和平老调，建议欧洲大国举行会议，保障欧洲的和平与安全。在暗地里，他却批准了入侵西欧的"黄色方案"，规定德军的目标是"尽量歼灭法国的作战部队以及与其并肩作战的同盟国部队，同时在荷兰、比利时和法国北部尽可能地多占领土地，作为对英国进行空战和海战的有利基地，以及作为经济要地鲁尔的广阔保护区。"从1939年9月德国入侵波兰到1940年5月入侵荷兰、比利时，7个月的时间，德国又武装了146个师。制造了4000架飞机，并偷偷地把大批军队从东线的波兰调到了西线，并且已制定了绕过马其诺防线，取道荷兰、比利时从北面进攻法国的计划。希特勒在公开场合高唱和平调，宣称："我庄严保证，在任何情况下都尊重荷兰、比利时和卢森堡的中立与边界不受侵犯。"而在德军统帅部的军事会议上。则凶相毕露地叫喊："我要在最有利最迅速的时候进攻英法。侵犯比利时和荷兰的中立是无足轻重的。如果我们胜利了，谁也不会过问这件事。"出于全面占领西欧的需要，希特勒的纳粹军队以"闪电战"的方式，很短的时间便占领了这两个中立国家。

卢森堡不战而降，德军突破法军防线在卢森堡和法国北部，德国A集团军经卢比边境的阿登山区向法国突进。10日，卢森堡不战而降。14日，德军在色当地区的法军接合部强渡马斯河，向索姆河口方向扩大战果。

# 奔袭法兰西

希特勒的纳粹军队侵占了北欧的丹麦和挪威后。矛头调转，直指西欧。德军在进攻荷兰、比利时的同时，调集大批部队，在空军的配合下，一举突破法国防线，只用了42天，法国便宣布投降。

希特勒要征服法国，称霸欧洲，蓄谋已久。1939年10月，希特勒签发的第六号作战指令，即入侵西欧的"黄色方案"，已经确定了入侵法国的具体作战方案，在当年的11月实施。

后来，由于入侵波兰的军队急需休整，坦克和装甲车有一半需要修理，弹药严重不足，先后29次变更进攻日期，一直拖到1940年5月。最初的进攻计划是按照第一次世界大战德国进攻法国的"史里芬计划"制定的，即把主力放在右翼，经过比利时北部的列日地区实施主要突击，左翼只放较少的兵力担任掩护。但是，在1940年春季，德国修订了作战方案，决定将主力放在左翼，出其不意地经过卢森堡和比利时南部的阿登山区，实施主要突击，切断比利时北部英法联军退路，直扑加莱海峡，右翼作为次要方向。

阿登山区位于比利时南部，东连德国和卢森堡，西靠法国，南接法国的马其诺防线终端，北临宽阔的马斯河。阿登山区，森林茂密，河溪纵横，道路崎岖。法军指挥部认为那里地形复杂，德军装甲部队难以从那里通过，因而没有重点布防，只派了一些配备不足、武器装备较差的部队在那里防守。德国为了使法军产生错觉，又设了一个圈套去迷惑法军统帅部。

1940年1月，德国派遣第7空降师少校作战科长携带假作战计划乘飞机到科隆司令部，中途假借气候恶劣"误入"比利时领空迫降，被比利时警察逮捕。这个少校当时还竭力装出要销毁文件的样子。比利时政府及时将德国这份假作战计划转送法国政府。法国参谋部经过研究之后，断定德军的作战企图同他们判断的完全一致。法国落入了德国的陷阱。当法军总参谋长、英法联军总司令甘末林下令英法联军主力越过法国、比利时边界，一路北上支援比军，一路向东北方向挺进支援荷军时，希特勒大为高兴，对德军的统帅们说："太好了，敌人根本没有理解我们的作战意图，也没有看出我们的主攻方向，现在可以向阿登森林进军了！"

1940年5月10日晨，德军先以3000多架飞机袭击荷兰、比利时和法国北部的72个机场，摧毁了几百架飞机，夺得了制空权，并吸引了法国主力北上援助荷、比。同时，由伦斯德将军率领的德军主力A集团军的44个师，包括第19和第41装甲军、第14摩托化军，共13万多人，几万辆坦克、装甲车和其他车辆，在阿登山区发动了猛烈的攻势。5月13日，约1000架飞机，包括12个俯冲轰炸机中队，以密集队形向法军防御阵地进行了猛烈轰炸，法军迅速瓦解，德军强行渡过马斯河，在法国防御的最薄弱处撕开了一个大缺口，直插法国北部平原，全速向大西洋沿岸挺进。20日，德军占领亚眠和阿布维尔，前出至英吉利海峡沿岸，分割了盟军在比利时和法国北部的重兵集团。随后，德国A集团军群以装甲部队转而北上，协同B集团军群将盟军约40个师包围在法国边境的敦刻尔克地区。26日，盟军开始从敦刻尔克地区撤退。

当德军横扫法国北部的时候，法国内阁进行了一次大改组，由投降派贝当任总理，魏刚任法军总司令。魏刚上任后匆忙凑集100万军队，设立一道所谓"魏刚防线"，不到3天的时间就全面崩溃了。英法联军的战线被拦腰斩断，巴黎处于德军东、北、西三面包围之中。6月10日，法西斯意大利对英法宣战，派出32.5万军队从意法边界实施攻击。6月10日，法国政府南迁，12日宣布巴黎为"不设防城市"，14日，纳粹军队未放一枪一炮，便开进巴黎。6月22日，新任总理贝当宣布，法国正式投降。当德军在巴黎举行入城仪式时，法国男女失声痛哭，约200万人逃离巴黎。德军从所有政府机关大厦上降下法国国旗，升起德国纳粹党党旗，在议会大厦上贴出标语："德军无往而不胜。"

法国的战败使英国有唇亡齿寒之感。这也是英法两国对德国侵略行径推行绥靖政策的结果。战争爆发初期，他们对德国宣而不战，企图将纳粹的侵略矛头引向东方，怂恿希特勒进攻苏联，因而对德国的西进准备不足，甚至认为四五年内德国不会向西欧进攻。因此，法国在同德军作战中，一次胜仗都没打过，亡国已成必然。

# 突袭克里特

　　克里特岛是希腊最大岛屿。地中海第五大岛。东西长152英里，南北宽7.5～35英里，总面积为3189平方英里，人口约50万，位于欧洲南缘，在希腊本土与小亚细亚之间的中点，距离非洲的埃及和利比亚也不远，是爱琴海的外围屏障。德国侵占该岛的目的是：确保向东进攻时右翼（巴尔干）的安全，控制爱琴海和东地中海的交通线，保证罗马尼亚境内的石油基地不受英国空军的袭击。并以此作为空袭中东和北非的空军基地。英国为了确保自己在地中海、北非和中东的利益，决定坚守该岛。

　　1941年4月25日，德军开始实施"水星作战"计划，出动第7空降师和第5山地步兵师共2.2万人，以及登陆兵7000人，各种飞机1280多架，舰艇70多艘。盟国守军共有4万余人，其中希腊军队1万多人。仅装备6辆坦克，没有飞机。5月20日晨，德军飞机进行猛烈轰炸后，大批空降兵同时在三个机场空降，守岛部队进行猛烈还击，第二天，马莱迈机场终被占领。在德军的空降部队、山地步兵部队和海军登陆部队的夹击下，到5月28日，守岛的英希部队开始从海上向埃及撤退。6月2

日。德军完全占领了克里特岛。至此，巴尔干半岛全部被德国占领。

在克里特岛战役中，英国陆海军死伤1.5万余人，2艘战列舰被炸伤，3艘巡洋舰被炸沉，6艘受伤，驱逐舰被炸沉6艘，伤5艘。德军损失6580人，损失飞机170架。这次战役是世界战争史上的一次大规模空降作战，也是第二次世界大战中唯一以空降兵为主实施的进攻战役。

# 巴巴罗萨计划

1941年6月22日凌晨3时，德国驻苏大使紧急约见苏联外交人民委员莫洛托夫，说他奉德国政府之命，向苏联政府通报，德国已不能容忍苏军在苏德边界的大量集结，因此，德国不得不采取相应对策。莫洛托夫听此大惊失色，意识到苏德战争全面爆发了。

德国的入侵打得苏联措手不及，然而事前种种迹象都显示德军的进攻迫在眉睫，只是苏联的统帅部对此反应迟钝。1941年进入夏季以后，大量的情报纷至沓来，送到莫斯科的苏联统帅部，但统帅部对此不予重视。斯大林仍然坚持认为1941年德国不会进攻苏联，1942年的春天或夏天与德国军发生武装冲突是不可避免的。苏联从上到下对战争缺乏准备。边防部队的防御工事没有修建起来，集团军没有补充人员，大量的老式装备没有更新，工业没有转入战时体制，一派和平景象。

入侵苏联，是德国发动战争的既定目标，希特勒多次讲话都声嘶力竭地叫喊。要让共产主义在地球上灭绝。1940年12月18日，希特勒签发第21号指令，制定了进攻苏联的行动代号为"巴巴罗萨"计划，规定侵苏战争总的企图是：德军"应在对英战争结束前，以一次快速战局将苏俄击败"；"以装甲先头部队实施深远突击，歼灭俄国西部的俄军主力"，"最终目标是进至伏尔加河至阿尔汉格尔斯克一线，建立一道面对俄国亚洲部分的屏障；必要时，可使用空军摧毁俄国仅存的乌拉尔工业区"。还规定。陆军除以必要兵力驻守占领区外，其余所有兵力均参加对苏作战。要求各参战部队于1941年5月5日前完成作战准备。

1941年1月31日，德国陆军总司令瓦尔特·冯·布劳希奇元帅下达了"巴巴罗萨"作战命令。德国在入侵西欧后，就开始了侵苏战争的准备工作。德国的军事开支飞速增长，军队人数及武器装备直线上升。德国动员了被占领国的全部军事工业潜力，高速地进行着战争准备。在外交上，希特勒德国与意、日建立了联盟，以后又吸收匈牙利、捷克、罗马尼亚和保加利亚等加入对苏作战的行列，并迫使芬兰、土耳其配合其进攻苏联。为了欺骗苏联，达到战争的突然性，德国与苏联签订了友好条约，德国入侵苏联的准备工作已经就绪。

1941年6月22日凌晨4时，德国通知苏联政府1小时后，德国撕毁苏德友好条约，大举入侵苏联。德军出动2000架飞机。突然袭击苏联西部66个机场，以及其他军事基地、交通枢纽和重要城市，同时向苏军防御纵深实施空降，并以数千门火炮实施火力准备，从波罗的海至喀尔巴阡山一线约1500公里宽的正面上，以装甲和摩托化部队为先导，由空降到苏军防御纵深内的空降部队配合，向苏联发起进攻。德军参战的兵力有：陆军152个师3个旅（含19个装甲师、13个摩托化师、2个摩托化旅），计305万人，编成北方、中央和南方3个集团军群及挪威集团军和陆军总司令部预备队，装备坦克3350辆、火炮7146门，侦察机562架；空军第1、2、4航空队和第5航空队一部，作战飞机2510架；海军北部集群一部，装备潜艇5艘及其他舰艇。先后参加对苏作战的还有：罗马尼亚的13个师8个旅，斯洛伐克的2个师1个支队，芬兰的18个师，匈牙利的5个旅，意大利的3个师和西班牙的1个师。

苏联西部边境地区部署战略第一梯队约300万人，其中列宁格勒军区、波罗的海沿岸特别军区、西方特别军区、基辅特别军区和敖德萨军区的兵力为268万人，编成170个师2个旅（含40个坦克师和20个摩托化师），装备火炮3.75万门、新型坦克1475辆、新型作战飞机1540架及大量旧式坦克和作战飞机；北方舰队、红旗波罗的海舰队和黑海舰队约22万人，装备主要战舰182艘；还有北方、西北、西方、基辅和南方5个防空军下辖的防空兵团及部队。但德军入侵时，苏军尚未完全展开，许多部队未能做好战斗准备。所以德军的装甲部队一举突破苏军防线，长驱直入，苏军猝不及防，许多边防部队尚未接到作战的命令，许多部队刚刚在公路上整好队伍，就成了德军空袭和装甲部队逐一歼灭的目标。在德军机械化部队突击的同时，1000多架德军飞机，对苏联西部的重要城市、交通枢纽、港口、海空军基地，进行了狂轰滥炸。并在苏联国境的纵深地带投下大量伞兵，对道路、桥梁、通信设备等进行破坏。德军的猛烈空袭，使苏军西部各机场被炸得千疮百孔，1200余架飞机被击毁，仅仅一瞬间，苏军就失去了制空权。

德军装甲部队快速突击，打乱了苏军的指挥系统。猛烈的空袭和炮击，使苏军的通信线路大部分被破坏，这使苏军的指挥系统更加混乱，上级的命令不能下达到部队，防守边境部队的告急消息也无法及时传送到司令部，苏军被迫且战且退，撤往内地。

德军兵分3路进犯苏联。北方集群，在战争的头一天就深入苏联境内25至55公里，到8月下旬即完成了对列宁格勒的包围，但德军企图在行进间攻占列宁格勒的目的却失败了。中央集群，目标直指莫斯科。在战争的头一天，就前进了30至40公里，对苏联西方面军采取包围行动，分别在别列斯托克、斯罗巴姆和明斯科地区构成3个包围圈，苏军西方面军主力陷入重围，被聚歼。至7月初，中央集群在苏军的节节抗击下转入防御。南方集群，在苏德战争爆发后，即向苏联纵深突进。8月初，包围了苏西南方面军2个集团军，9月中旬又在中央集群的配合下合围了苏西南方面军的4个集团军，苏军在突围作战中，损失惨重，大批官兵被俘。

关于苏德战争初期苏联红军溃败的原因，多年来众说纷纭，事实上原因也是复杂的。战前，苏德的经济力和军力对比，德国占着明显的优势。1940年，苏联钢产量达到1830万吨，生铁1490万吨，石油3110万吨，而德国在，1941年6月以前征服了欧洲11个国家，并把这些国家的资源用于战争。1941年，德国生产钢3180万吨，几乎是苏联的一倍多。机床生产比苏联多两倍。在军事上，1941年夏季前，德国武装力量总人数达850万人，几乎是苏联的2倍。战争开始前，集结于德苏边界的德国部队以及其仆从国部队达550万，4.7万门大炮，近2800辆坦克，4900架飞机。当时苏联有1.7万架飞机，7600辆坦克，8万多门火炮，武装力量460万。

当时，苏联的工业完全能够保证红军的武器和装备供应。战争初期的失利还有其他方面的原因，在对战争形势的估计和指挥决策方面，都有失误之处。根据朱可夫等苏联元帅的回忆，1941年6月前，苏军总参谋部"关于德国的军事潜力、动员措施、新编部队、武装力量的总数，以及希特勒师团的数量、配属及在战场上的部署和总指挥部的战略预备队"等情报应有尽有。1941年6月1日，情报部门"提供了整个东部战线德国军队数量的全面情报，而且还把苏军每个边防区当面敌人纵深400公里以内的情况搞得清清楚楚。"甚至还掌握了德军实施突击的主要方向及这一进攻的时间。1941年5月，苏驻德使馆武官的情报说："德国进攻苏联的实际准备业已完成……它的军队和技术装备的集结已大功告成。因此，德国对苏联的进攻随时都可能发生。"5月21日，苏驻日使馆工作人员理查德·

佐尔洛报告："德国拥有150个师组成的9个集团军用以对付苏联。"6月1日又报告："苏德战争预料在6月15日爆发……最猛烈的进攻将出德军左翼部队实施"，在德苏边界"已集结了170～190个师。主要进攻方面将针对莫斯科和列宁格勒。"6月15日又报："战争将于6月22日开始"，接着又报："6月22日拂晓将在宽阔的正面展开进攻。"在瑞士的情报人员2月份报告："德国目前在东方拥有150个师的兵力……德国将于5月底开始进攻。"6月12日又报："对苏联的总攻将于6月22日星期天凌晨开始。"英国首相丘吉尔和美国总统罗斯福也向斯大林通报了德国将进攻苏联的消息。斯大林是用怀疑态度看待这些情报的。他认为德苏战争迫在眉睫，不可避免，但"错误地认为希特勒在近期不会贸然破坏互不侵犯条约"，他"想再争取6个月的时间用于对付这一战争的准备。"为了不给希特勒找到借口，严令部队"不受任何挑衅行为的影响，以免使问题复杂化。"在战争征候已很明显的时候，仍然不同意各边防军区部队立即进入战斗准备状态，而是通过外交途径和德谈判。当时，苏联西线有170个师的兵力，但在1941年5月才开始大量往西部边界调动，已经很迟缓了。这些部队集结于正面4500公里、纵深400公里宽的广大地域。第二梯队离边界150～400公里，所有坦克师都编入第二梯队和预备队中。第一梯队薄弱，预备队战略方向不明确，第二梯队没有全部展开。直到战争爆发前11个小时，苏军统帅部才作出决定，"要求武装力量进入全面战备"，而且还强调"不要受任何挑拨"。这一重要指示，在6月21日23时45分才以电报形式发出，离战争爆发时间只有4小时15分。波罗的海舰队于"6月21日23时37分宣布一级战备"，黑海舰队到6月22日1时15分才宣布一级战备，而北方舰队于6月22日凌晨4时25分才转入一级战备。这时，战争已经打响了。

# 明斯克战役

　　1940年6月22日至7月9日，苏德进行了比亚韦斯托克和明斯克战役。德军中央集团军群总司令为费多尔·冯·博克元帅，辖55个师1个旅，以第3装甲集群和第9集团军为左翼，第2装甲集群和第4集团军为右翼，向比亚韦斯托克突出部和明斯克实施钳形突击，企图围歼苏军西方面军主力。苏联西方面军司令为巴甫洛夫大将（7月2日起为铁木辛哥元帅），辖4个集团军共44个师，正面防御470公里。

　　战役第一天，德军便从西方面军和西北方面军结合部突破防御线，左右两翼装甲部队快速向明斯克突进。苏军多次实行反突击，终于抵挡不住德军的铁甲。25日，德军装甲部队向苏西方面军深远后方实施两翼包围，苏军主力面临被合围的危险。苏军统帅部命令第3和第10集团军撤出比亚韦斯托克突出部，但退路仅剩下60公里宽的狭长地带，人员密集，车辆拥挤不堪，难以退出。28日，德军占领明斯克，苏军西方面军主力和西北方面军一部陷入合围，32.4万人被俘，损失坦克3332辆、炮1809门。余部或分散突围，或进入林区展开游击活动。

半个月的时间，德军在白俄罗斯方向突击300余公里。由于这场战役的惨败，巴甫洛夫大将等西方面军高级将领，被苏联军事法庭审判并处决。

# 基辅会战

1941年5月至9月26日，苏军和入侵的德军在基辅地区展开了一场大规模的会战。德军南方集团军在格尔德·冯·龙德施泰特元帅指挥下，占领西乌克兰以后，利用700架飞机作空中支援，以第6和第17集团军和第1装甲集群，从斯卢奇河一线向基辅方向发起进攻，企图在第聂伯河以西围歼苏军西南方面军。苏军西南方面军司令为米·彼·基尔波诺斯上将，在布良斯克方面军和南方方面军的配合下，对德军的突击进行了顽强的抵抗，双方多次实施突击和反突击。到18日，苏军被德军突击分割成几个孤立集团，节节败退。

8月初，德军已突至基辅近郊，基辅面临沦陷危险。基辅市民20万人参加红军，还有3.5万名民兵也投入战斗，配合第37集团军对市西南方向进攻的德军实施反突击，基本恢复了该市的外围防线。但在基辅以南，德军第17集团军实施深远突击和大迂回纵深包围，将苏军约20个师合围在乌曼地域，经过5天激战，歼灭苏军第6、第2集团军主力和第18集团军一部，俘虏2个集团军司令以下10.3万人，缴获坦克317辆、火炮858门。

8月19日，苏军西南方向军主力奉命撤至第聂伯河左岸，25日，德军第1装甲集群攻占了河右岸的第聂伯罗彼得罗夫斯克，并在河左岸夺得了登陆场。至此基辅以南广大地区落入德军之手。同时德军第2装甲集群投入战斗。在第聂伯河左岸，德军第1装甲集群和第17集团军由南向北突击，第2装甲集群和第2集团军由北向南突击，两个装甲集群南北对进，在洛赫维察地域会合。苏军撤退缓慢，第5、第21、第26、第37集团军和第38集团军一部陷入合围。

9月19日，德军第6集团军占领基辅。西南方面军司令基尔波诺斯上将和方面军其他高级将领突围时阵亡。基辅会战，苏军在基辅以东被俘66.5万人，损失坦克884辆、火炮3718门。

# 斯摩棱斯克会战

　　1941年7月10日至9月10日，苏军和德军征斯摩棱斯克展开会战。德军中央集团军群在费多尔·冯·博克元帅指挥下，在比亚书斯托克和明斯克战役结束后，率60个师1个旅，急速向第聂伯河左岸地区和明斯克发起进攻。苏军西方面军司令铁木辛哥元帅率9个集团军和6个集团军级战役集群，沿西德维纳河和第聂伯河叶游展开，以阻止德军突向莫斯科。

　　当时，该方面军所属4个集团军刚从明斯克前线撤下来，还未来得及休整补充。从大后方调来的48个师，只有37个师到达和占领了主要防御地带，还未来得及建立稳定的纵深防御。这次战役在近650公里的正面和250公里的纵深展开，共分4个阶段：

　　7月10日，第一阶段开始，德中央集团军群在优势航空兵支援下，分多路向斯摩棱斯克方向突击和迂回，第9和第2集团军突破苏军防线后，向第聂伯河中游靠拢，参加会战。

　　13日，苏军组织了两次反突击，并第一次使用了"喀秋莎"（火箭炮），均因遭受德空军袭击未能得手。形势对苏军十分不利，为了防备突然变化，苏联在西方方面军后方组建了后备方面军（25日撤销，并入其他方面军），以掩护莫斯科。16日，德军占领涅韦尔、奥尔沙和斯摩棱斯克，苏军3个集团军面临被合围的危险。17日，苏军第13集团军一部苦战突围。至19日，德军向东推进了150～200公里。

7月20日，第二阶段开始。斯大林指示铁木辛哥元帅，在几天内向德军发起进攻，并将预备队17个师拨给西方面军，编成5个集团军级战役集群。23～25日，西方面军以4个集团军级战役集群，从几面对斯摩棱斯克实施向心突击，支援第16和第20集团军主力突围。同时派1个骑兵集群深入敌后，袭击德军第2集团军的后方交通线。24日，苏军在南线组建了中央方面军，库兹涅佐夫上将任司令，统一指挥苏军在别列津纳河与第聂伯河之间及索日河一带的战斗行动。26日，德军封闭了斯摩棱斯克合围圈，歼灭苏第13集团军主力，俘虏苏军3.5万人，缴获火炮245门。鉴于战争形势的迅猛发展，30日，苏联在西方方面军后方又组建了预备队方面军，朱可夫大将任司令，以掩护莫斯科方向。8月5日，德军在斯摩棱斯克地区歼灭苏军第16、第19、第20集团军各一部及第23机械化军。自7月10日以来，在这一战役中苏军被俘31万人，损失坦克3205辆，火炮3120门。8月8日，德军在罗斯拉夫利战役中，一天时间，歼灭苏军第28集团军一部，俘虏苏军3.9万人，缴获坦克装甲车250辆、火炮613门。同一天，突入德军侧后的骑兵集群也被德军消灭。

8月9日，第三阶段开始。这一阶段战斗中心开始向南转移。德中央集团军群为消除其南翼威胁，于9日以第2集团军和第2装甲集群转而南下，向戈梅利地域苏军两翼实施包围，迫使苏军中央方面军向东南和南方撤退。16日，苏军在预备队方面军和中央方面军之间新建布良斯克方面军，叶廖缅科中将任司令，以掩护布良斯克方向。同日。苏军西方方面军和预备役方面军各一部共6个集团军，向德军发起进攻，以钳制德军南进。19日，德军攻战戈梅利，24日，戈梅利战役结束，德军在半个月内推进约150公里，进抵戈梅利以南，斯塔罗杜布线，直接威胁苏军西南方面军的侧后。此次战役，德军歼灭苏军21集团军大部和第5集团军一部，俘虏苏军7.8万人，缴获坦克144辆、火炮700门。

# 攻陷克里木半岛

1941年9月23日，德陆军上将埃里希·冯·曼施坦因统率的第11集团军，在以主力沿亚速海北岸向东追击的同时，以第54军所属2个步兵师向克里木半岛北部门户彼列科普地峡发起进攻。苏军库兹涅佐夫上将统帅的独立第51集团军，以4个师的兵力坚守彼列科普和伊顺两道防御地带，以阻止德军进入克里木。26日，德军突破彼列科普防御地带，逼近苏军的伊顺阵地。苏军依靠坚固筑垒顽强阻击，迟滞德军的进攻。10月中旬，苏军滨海集团军从敖德萨撤至克里木，加强了半岛西部的防御，并组成以海军统帅部代表戈·伊·列夫琴科海军中将为首的克里木军队指挥部，统辖独立第51集团军和滨海集团军的16个师及黑海舰队。28日，德军突破克里木半岛入口的苏军防御，向克里木南方、南方及东方快速追击，迫使滨海集团军退守塞瓦斯托波尔，苏51集团军从刻赤半岛撤往塔曼半岛。德军占领了克里木大部地区，只剩下了塞瓦斯托波尔。这一阶段的突击与反突击战斗中，德军俘虏苏军10万人，击毁和缴获装甲车辆166辆、火炮697门。

11月中下旬，克里木战役的中心转向塞瓦斯托波尔地域。

苏军从高加索调来1个步兵师和9个补充营，加强了这一地区的防御，发动多次的反突击，在主要方向上击退了德军的进攻。12月26日，由德·季·科兹洛夫中将统帅的外高加索方面军、黑海舰队和亚速海区舰队发起刻赤——费奥多西亚登陆战役，企图围歼德军刻赤集团，解除德军对塞瓦斯托波尔的封锁，进而解放克里木全境。苏军登陆后向德军展开猛烈进攻，收复刻赤后继续向北发展。到1942年1月2日，共推进100～110公里，肃清了刻赤半岛的德军。1月中旬，德军变更了作战部署，以4个师兵力封锁了费奥多西亚方向。苏军也相应调整了部署，将刻赤半岛塔曼半岛和克拉斯诺达尔地域的3个集团军合编为克里木方面军，科兹洛夫中将为司令，先后组织了3次大规模的反突击，以支援塞瓦斯托波尔防区的部队，但未能奏效。

1942年5月，双方继续争夺刻赤半岛和塞瓦斯托波尔。5月8日，德军以9个师的兵力向刻赤半岛发动进攻，企图先夺取刻赤半岛，然后集中兵力进攻塞瓦斯托波尔。德军在菲奥多西亚湾沿岸向东北方向实施主要突击，同时派小股登陆部队从海上登陆，还每天出动800架次飞机进行空中支援，实施陆海空立体攻势。苏军第44集团军阵地被突破后向东撤退，第51、第47集团军大部被德军合围。15日至19日，苏军以各种船只运送12万人，横渡刻赤海峡撤往塔曼半岛，未撤退的人员继续坚持战斗，最后大部壮烈牺牲。苏军被俘17万人，损失坦克

184辆，火炮1397门。

6月7日，德军第11集团军以19个师的兵力。在150架飞机的支援下，向塞瓦斯托波尔发起新的进攻。苏军滨海集团军7个师和4个海军陆战旅，依托坚固阵地和有利地形，给德军以沉重打击。6月下旬，德军的兵力又得到加强，从北面东面和南面突入市区，双方展开了巷战，苏军被迫撤出塞瓦斯托波尔，德军占领整个克里木。这次行动中，苏军被俘9万人，德军损失2.4万人。

# 列宁格勒保卫战

列宁格勒位于苏联的西北部，邻近波罗的海，西北部与芬兰接壤，控制着芬兰湾和波罗的海沿岸，是仅次于莫斯科的苏联第二大城市，战略地位十分重要。

1941年6月22日，希特勒的强大凶恶而又驯服的德国军队大举入侵苏联，使一年前签订的德苏互不侵犯条约成为一张废纸。进攻的德军迅速粉碎了苏军微弱的抵抗，长驱直入。进攻列宁格勒的德军，分成2个突击集团；德军北方集团军群由威廉·里特尔·冯·勒布元帅统率，辖2个集团军和1个装甲集群共31个师和第1航空队，编成南部突击集团，装备760架飞机；芬军由卡古·曼纳海姆元帅统帅，包括卡累利阿集团军和东南集团军、芬兰空军和德国第5航空队一部，编成北部突击集团，下辖14个师3个旅，配属1个德国师，装备547架飞机。德军在挺进的途中几乎未遇到任何抵抗，就顺利地渡过了卢加河，突破了保卫列宁格勒的最后一道防线。7月初，德军调整作战部署，组成北、中、南三个突击集团，分3路围攻列宁格勒。与此同时，苏军也从最初的打击清醒过来，重新调整了作战部署，苏军西北方向总指挥部由伏罗希洛夫元帅任总司令，辖39个师2个旅，陆续编成北方方面军、西北方面军、列宁格勒方面军、卡累利河方面军等突击集团，依托列宁格勒接近地和城市周围纵深配置的防御体系实施固守，抗击3路进攻的德军。北路德军在飞机的掩护下大举进攻，很快接近了列宁格勒城区。苏军北路集团拼死抵抗。不顾伤亡，双方经过激烈的战斗，德军被阻止在距城30公里处。中路德军进展不大。南路德军先后攻占了诺夫哥罗德和楚多沃。列宁格勒与莫斯科的铁路和公路被切断。

8月25日，德军再次向列宁格勒进攻，3路德军齐头并进，苏军防线多处告急，许多苏军坦克被密集的德军炮火击毁，防守阵地的士兵不断伤亡。在德军的猛烈进攻下，苏军在拉多加湖南岸的最后一个堡垒——什利谢利堡被德军攻占，列宁格勒的陆上交通线全部被切断。9月，德军又发起一次大规模进攻，企图从东、南两面对列宁格勒实行向心攻击，中心开花，彻底占领列宁格勒，但这一企图在苏军的顽强抵抗下没有实现。11月德军转而进攻季赫文，切断了由内地通往拉多加湖的铁路线。列宁格勒被封锁。

7月末，芬军配合德军从北面进攻列宁格勒，在苏军的顽强抵抗下，被阻止于卡累阿筑垒地区以及斯维尔河一线，12月3日，芬军第14师进占汉科半岛，列宁格勒的海上交通线也被德军切断。至此，列宁格勒被德、芬两国军队四面合围，城市处于严重困难之中。苏军被迫在城市周围进行持久的反围困战。

列宁格勒市居民在苏联共产党的领导下，全民总动员，修筑工事，制造坦克，抵御德军的进攻。德军对列宁格勒的多次进攻没有奏效后，改变策略，长期围困，企图迫使苏军不战而降。德军的围困、封锁，使列宁格勒处于危机之中，粮食、燃料极度匮乏，大批居民冻饿而死，苏军为打破封锁，进行多次反冲击，均没有成功。1942年在双方僵持中，匆匆过去。

1943年的到来，给列宁格勒带来了希望。苏军已由战略防守转变为战略进攻，而德军正好相反。

1943年1月中旬，苏军列宁格勒方面军南西向东，东部的苏军由东向西，发起相向突击，在苏军部队的夹击下，德军被迫放弃了什利谢堡及沿线阵地，苏军达到了战略目的，突破了德军对列宁格勒的完全封锁，恢复了与苏联内地的联系。粉碎了德军长达17个月的完全封锁。

1944年1月，苏军在列宁格勒发动全面反攻，集中了三个方面军的兵力，从3个方向上对围城德军发起总攻，很快解放了诺夫哥罗德，进至卢加、舍洛尼河一带。2月末又进至诺沃尔热夫和普斯托卡地区，彻底解除了德军的封锁，6月，苏军又向芬军发动大反攻，把芬军赶出国境，并占领了芬兰的维堡，迫使芬军退出战争。

列宁格勒保卫战终以苏军的胜利和希特勒德国的失败而告终。但这次围困也使苏联人民付出了巨大的代价，在长达一年半的围困期间，近百万人死于饥饿和战火。

# 莫斯科会战

1941年6月22日，德军向苏军发动了突然袭击，兵分三路，长驱直入。北路进攻列宁格勒，南路进攻基辅和顿巴斯，中路兵锋直指莫斯科。在德军的猛烈进攻下，苏军仓促应战，损失惨重，大量部队被消灭，许多战略要地失守，至9月底，北路德军围困了列宁格勒，南路德军占领了基辅，中路德军攻占了斯摩陵斯克，打开了通往莫斯科的门户。

德军统帅部制定了代号为"台风"的作战计划，决定以3个装甲集群，从北、西、西南三个方面发动进攻，突破苏军防御。分割围歼苏军主力于维亚兹马和布良斯克地区，然后从南北两面向莫斯科迂回，在冬季到来前攻占莫斯科。

为夺取莫斯科，德军中央集团军群以费多尔·冯·博克元帅为总司令，集结了3个集团军和3个坦克集群，以及一个航空队，共约180万人，约占东线德军的64%，装备坦克1700辆、火炮1.4万门、飞机1390架。苏军统帅部为保住莫斯科，粉碎德军的进攻，也在莫斯科集结了重兵，在西方方面军、布良斯克方面军和预备队方面军共125万人。编成15个集团军和1个集团军级集群。装备坦克990辆、火炮7600门、飞机677

架。科涅夫上将、布琼尼元帅、叶廖缅科上将，分别担任3个方面军的司令。

9月30日，德军向莫斯科发起了总攻，很快就突破了苏军的第一道防线，将布良斯克方面军所属的3个集团军合围在布良斯克地区，将西方方面军和预备队方面军的4个集团军合围在维亚地区。苏军虽然奋勇作战，但多次突围均未成功，被围部队，大部分牺牲或被俘，损失了65万部队。

10月下旬，德军突破苏军的第二道防线，其先头部队距莫斯科只有65公里。苏联政府机关和外交使团撤往古比雪夫，斯大林率指挥部仍留在莫斯科。11月7日苏联为庆祝十月革命24周年，在德军逼近莫斯科的严重关头，照常于莫斯科广场举行阅兵式和集会游行，斯大林发表演说，号召苏联人民彻底粉碎德国侵略者。阅兵后，部分受阅部队直接开赴莫斯科前线。

德军进攻到莫斯科附近已是10月中旬，这时天气发生剧烈变化，阴雨连绵，道路泥泞，减慢了德军机械化部队的前进速度。接着寒流一个接一个袭来，士兵冻伤减员越来越严重，再加上油料凝滞，坦克开不动，枪炮打不响，在苏军的英勇抗击下，德军的进攻势头被挡住，被迫转入防御。

苏军及时调整作战部署，组建加里宁方面军，抽调部队补充西方面军和西北方面军，同时抽调战略预备队对德军的进攻实施反突击。由于苏联军民浴血抵抗，再加上严寒低温，使希特勒两次下令总攻莫斯科都归于失败，苏军击退了德军的进攻，解除了德军对图拉的包围和对莫斯科的直接威胁。

1942年1月8日，苏军集中了3个方面军124万人，利用德军惊慌失措和防寒准备差的有利时机发起总攻。三个方面军先后实施了瑟乔夫卡—维亚滋马进攻战役、托罗佩茨—霍尔姆进攻战役、勒热夫进攻战役和博尔霍夫进攻战役，苏军以重大代价在莫斯科城下粉碎了德军的进攻，将德军击退，战线向西推进了，100～350公里，收复了莫斯科州、梁赞州加里宁州等。至4月20日苏军转入防御。

在莫斯科会战中，德军损失50万人（其中冻死冻伤10万多人）、1300辆坦克、火炮2500门，但苏军未能全歼德军"中央"集群。苏军在莫斯科会战的胜利，宣告了希特勒"闪电战"的破产。德军陆军总司令瓦尔特·冯、布劳希奇元帅、中央集团军群总司令费多尔·冯·博克元帅、第2装甲集团军总司令古德里安大将等35名高级将领因指挥不力先后被撤职。莫斯科会战的结果，改变了苏德战场的形势，给苏联人民和世界人民以巨大鼓舞，促进了世界反法西斯统一战线的形成和发展。

# 斯大林格勒会战

　　德军经过1941年的战斗，人力、物力损失严重，莫斯科会战又损失了50万精锐部队，希特勒被迫放弃全面进攻计划，而于1942年夏，集结重兵于苏德战线的南翼，向斯大林格勒（伏尔加格勒）和高加索发动重点进攻。斯大林格勒是苏联的重要工业基地和战略要地，本身具有重要的战略价值，控制了斯大林格勒，就能控制伏尔加河的水运，切断苏军高加索的石油供应线。

　　希特勒不甘心德军在莫斯科会战的惨败，利用美英在开辟第二战场上一拖再拖的有利时机，调集大批部队，包括德军第6集团军的13个师，2个坦克集团军，以及匈牙利2个集团军，罗马尼亚2个集团军，意大利1个集团军，以及3000多门火炮、700多辆坦克和1000多架飞机的兵力，于7月向斯大林格勒方面发动了大规模进攻，企图占领斯大林格勒，然后北取莫斯科，南下波斯湾。历史上有名的斯大林格勒会战展开了。

　　苏军为保卫斯大林格勒也做了充分准备，7月初成立了斯大林格勒方面军，先后有6个集团军，2个坦克集团军和1个空军集团军编入该方面军。苏军从空中到地面组成了立体防御体系，动员市内的居民和工人修筑了环绕市区的战壕、堡垒。

7月17日德军第6集团军向苏军阵地发动猛烈进攻。德军每天出动上千架飞机和1000多门大炮，对苏军防守区域进行狂轰滥炸，苏军被迫撤退，南北两路德军紧随苏军，经过激战，8月17日攻占了顿河西岸地区，苏军撤出斯大林格勒外围防御阵地。

8月23日，德军渡过顿河，向斯大林格勒实施向心突击。在德军猛烈进攻下，苏军外围阵地被突破，双方经过激烈的争夺，苏军退入市区，外围防御阵地全部丧失。9月15日德军攻入市区。

市区争夺战异常激烈、艰苦，苏军在每幢楼房都派有3至5名战士坚守，携带大量弹药，与楼房共存亡。双方对每一个街区，每一幢楼房都要进行反复争夺，德军每前进一步都要付出血的代价。德军占领了市郊区和工厂区，占领了拖拉机厂。守城苏军被分割包围，处境困难。德国军队控制了伏尔加河域，但在红军的坚强防御下，尽管保卢斯的第6集团军和克莱斯特指挥的第4集团军一再发动进攻，仍然没能完全占领这座城市。

德军9月的攻势，虽然遭到守军和被动员参加战斗队的工人的顽强抵抗，但到了10月中旬，德军把防御部队几乎逼到了伏尔加河畔。攻占了工厂区并展开了激烈的巷战。这时。德军的供应开始接济不上，坦克在巷战中无用武之地，再加上冬天的来临，德军已由优势转为劣势。苏军在防御交战中大量地消耗了德军的力量，为苏军统帅部征集预备队争取到足够的时间。

11月13日，苏军最高统帅部批准了代号为"天王星"的反攻计划，经过周密准备之后。苏军开始了对德军的大反攻。

11月19日，苏军西南方面军、顿河方面军和斯大林格勒方面军。以南北钳形运动开始反攻。5天时间就突破了敌军防线，到23日，已包围了德第6集团军全部和第4装甲集团军之一部，计有22个德军的精锐师和160多个独立部队，总计33万人。希特勒为解救被围德军，组成2个突击集团北上，企图突破苏军包围与被围德军会师，但在苏军顽强阻击下，损失惨重，被迫后撤。在援救无望的情况下。希特勒严令保卢斯继续战斗，终于使克莱斯特得以逃脱。

1943年1月10日，苏军对被围德军发起总攻。1月25日冲进市区，与守城苏军会师。1月31日，保卢斯不服从希特勒的命令，向苏军投降，其下属91000人于2月2日最后向苏联人民投降。

斯大林格勒会战以苏军的辉煌胜利而结束。此次会战，苏军击溃德军第6集团军和第4装甲集团军，罗马尼亚第3、第4集团军，意第8集团军。德军远远地退出伏尔加河流域，总共损失了150万人，3000多辆坦克和3000多架飞机。

苏军在斯大林格勒的胜利，扭转了苏德战场形势，迫使希特勒转入战略防御，苏军由战略防御转入战略反攻。斯大林格勒会战不仅是苏德战场的转折点，而且和盟军在太平洋以及北非的胜利一起构成了第二次世界大战的转折点。

# 围歼非洲军团

第二次世界大战初期，号称"沙漠之狐"的德军将领隆美尔，率领德国非洲军团横扫北非，使英军受到重大损失。

1942年5月，德意军再次发动大规模进攻，占领埃及重镇阿拉曼，与盟军处于对峙状态。8月，英军增加到11个师、5个旅，约23万人，德意军约9万人，坦克540辆、飞机350架。10月，英军向德意军在埃及的阿拉曼发动了第三次大进攻，意图是在突破德意军的防御地域后，迅速向西挺进，占领利比亚的昔兰尼加和黎波里塔尼亚全境，配合即将在法属北非登陆的美英联军将德意军全部赶出北非。

激战3个月，德意军损失惨重。为了保存实力，隆美尔决定向西撤退并将意军的淡水箱和汽车全部带走。结果，4个意大利师只好投降。德军向西退至利比亚和突尼斯交界处，英军获得重大胜利。此次战役中德意军伤亡2万余人，被俘3万余人，被毁坦克350辆。英军伤亡13500人，损失坦克500辆。阿拉曼战役使北非战局发生了转折，英军由防御转入了进攻。

由蒙哥马利统帅的英军第8集团军发动阿拉曼战役不久，英美军按照"火炬"作战计划，调动3个特混舰队，美国艾森豪威尔将军任盟军总司令，英军坎安宁上将为"火炬"行动海军总司令。首批登陆部队7个师约11万人，于1942年11月8日，分别在法属北非的阿尔及利亚和摩洛哥地域登陆。盟军以摧枯拉朽之势，迫使当面的德意军纷纷投降。到11月底，盟军已收复了摩洛哥、阿尔及利亚，并攻入突尼斯境内。德意军主力已面临被围歼的命运。

1943年2月，艾森豪威尔任总司令，亚历山大任副总司令，负责指挥突尼斯战线的盟军作战。此时，在北非登陆的盟军同蒙哥马利统帅的英国第8集团军，对突尼斯境内的德意军已形成东西夹击的态势。盟军拥有20个师又2个旅，德军又从西欧增调来5个师，共有14个师又2个旅，盟军占绝对优势。德军的"沙漠之狐"隆美尔见势不妙，主张从北非撤退，遭希特勒拒绝，因而称病返回欧洲，由汉斯－于尔根·冯·阿尼姆大将接任非洲集团军群总司令。3月下旬，英军第8集团军在蒙哥马利率领下，由东向西进攻，突破了马雷斯防线，与由西向东猛攻的巴顿将军领导的美军第2军会师。4月下旬，英美联军向德意军发起总攻，经过20多天的激战，被围困的25万德意军队被迫投降，盟军在北非取得了最后胜利。

# 哈尔科夫战役

在苏德战场上，哈尔科夫这个不起眼的地名拥有极高的战略价值，双方在此地先后进行了三次大规模战役。

第一次战役是苏军为粉碎德军哈尔科夫方面集团军于1942年5月12～29日实施的攻防战役。苏军参加此次战役的有西南方面军（司令由苏联元帅、西南方向总司令铁木辛哥兼任）和南方面军（司令为马利诺夫斯基中将）。计划规定：西南方面军分南北两路从巴尔文科沃突出部和沃尔昌斯克地域对哈尔科夫实施向心突击，粉碎德军哈尔科夫集团，解放哈尔科夫，为向第聂伯罗彼得罗夫斯克发展进攻创造条件；南方面军坚守巴尔文科沃突出部南正面，以保障西南方面军主要突击集团翼侧。德军哈尔科夫集团是南方集团军群第6集团军（司令为保卢斯上将）。当时，该集团军与克莱斯特集群（辖第17集团军和第1装甲集团军）正在准备代号为"腓特烈一世"的进攻战役，企图攻占北顿涅茨河以西、哈尔科夫东南地区。双方兵力大致相当。

5月12日苏军西南方面军发起进攻，各突击集团三日内突破德军防御：第28集团军从沃尔昌斯克地域向前推进18

～25公里，第6集团军和博布金少将指挥的集团军级战役集群从巴尔文科沃突出部向前推进25～50公里，为快速兵团投入战斗创造了有利条件。但铁木辛哥被所谓兹米约夫地域有德军装甲重兵集团的情报所迷惑，直至5月17日才命令第21坦克军进入战斗，但已错过时机。其他地段亦进展迟缓，致使德军毫无阻碍地将其预备队从其他方向调到突破地点。

至5月17日前德军统帅部已在巴尔文科沃突出部根部南方面军第9集团军当面建立了强大突击集团。在该处行动的"克莱斯特"集团军级集群（坦克第1集团军，第17集团军），步兵比第9集团军多0.5倍，炮兵多1倍，坦克多5.5倍。为解除德军第6集团军的压力，克莱斯特集群于5月17日提前一天发起"腓特烈一世"进攻行动，出动14个师进攻南方面军。在空军第4军大规模的空中支援下，第1装甲集团军向实力薄弱、毫无准备的苏军第9和第57集团军发起进攻，至第一天结束时，德军推进到苏军突击部队后方40公里。此时，苏军通信与物资供应面临明显的威胁，苏军部队自身也面临着被包围的危险。同时，德军从南北两面对苏军第28集团军两翼实施反突击。

5月19日，铁木辛哥命令部队在巴尔文科沃突出部转入防御。但是，哈里托诺夫指挥的苏军第9集团军全线崩溃，苏军左翼被德军突入80公里。为了应对致命威胁，苏军第6集团军向保卢斯的德军第6集团军发起攻击。20日，双方都在对巴尔文科沃突出部和突出部周围的部队进行调整。苏联军队的行动因为德国空军的骚扰和糟糕的通信条件而一再遭受妨碍。与此同时、苏第28集团军的左翼失去了掩护，这迫使集团军的指挥员调出预备队第34摩托化步兵旅和第32骑兵师来保护自己的侧翼。22日，德国军队试图完成包围圈，铁木辛哥命令第38集团军的主力部队向西突破德军的防线并恢复与德军包围圈内部队的接触。23日，克莱斯特集群与德军第6集团军在巴拉克列亚以南会合，切断了苏军由巴尔文科沃突出部向北顿涅茨河对岸退却的道路，将苏军第6与第57集团军的全部以及第9与第38集团军的部分部队包围。不仅如此、已经完成了包围圈的德国军队还进一步试图加宽封锁带。克莱斯特的装甲战斗群从第14个装甲师战区向东拓宽了这个包围圈的外圈。同时第60摩托化步兵师，第384，第389步兵师和第100轻步兵师向西成扇形展开牢牢的挡住了包围圈内的敌人的退路。

5月25日包围圈内的苏军用最后一点实力向东发起了攻击，妄图突围。突围部队由第317，第393和第150步兵师，第49和第26骑兵师，第5近卫，第5和第37坦克旅的残部组成。他们发起攻击试图和第114坦克旅建立联系。突围部队遭受了德国炮火和连续的空袭，很快部队就失去了指挥。尽管这样，在遭受了重大损失后，突围部队还是冲破了德第60摩托化步兵师和第389步兵师的防线。在这时，德第1山地步兵师接到命令向北堵住苏联突围部队的道路。包围圈内的剩下的部队现在缩小到10英里长2英里宽的范围。29日，苏军第6、第9和第57集团军主力，包括20个步兵师、7个骑兵师和14个坦克旅的大部被围歼。只有约2.2万人的苏联突围部队冲破了德第384步兵师的后方并和苏第38集团军恢复了联系。据德方资料，德军伤亡人数仅2万人，而苏军阵亡7.5万人，被俘23.9万人。损失坦克1249辆、火炮和迫击炮2026门。苏军在哈尔科夫的失败使西南方向的形势进一步恶化。

第一次哈尔科夫战役，红军西南方面军企图向被德国占领的哈尔科夫发动进攻，结果却撞上了实力强大的德国"克莱斯特"集团军级集群。红军损失惨重，曾被寄予极大希望的苏军哈尔科夫进攻战役却变成了纳粹德军1942年夏季进攻战役的序曲。

第二次哈尔科夫战役发生于1943年2月2日—3月3日。苏军战役目的是粉碎哈尔科夫方向德军"B"集团军群基本兵力，解放哈尔科夫工业区。战役代号为"星"。

此次战役，德军指挥官曼斯坦因的作战计划为：德军第4装甲集团军将以党卫队装甲军的兵力从克拉斯诺格勒进攻西南方面军红军第6集团军右翼，随后，以第48、57装甲军攻打巴甫洛格勒，切断红军退路。同时，德军装甲第1集团军以装甲第40军和党卫队"维京"师、步兵第333师共4个师的兵力，袭击西南方面军快速兵团的波波夫集群。攻击得手后，德军第4装甲集团军将调头北上，和"肯普夫"战役集群一道集结重兵吃掉哈尔科夫西南地域的沃罗涅日方面军左翼集团，重新夺回哈尔科夫。

为了增强兵力，德国人不仅竭力补充弹药物资，还从西线调来了2个步兵师作为预备队。其中第167师部署在波尔塔瓦，第15师部署在第聂伯罗彼得罗夫斯克。按照命令，这两个师必须在2月20日至22日到达指定下车地点。作为由希特勒最宠爱的3个党卫队师组成的装甲军，豪赛尔指挥的这支部队可谓装备精良，训练有素。党卫队的兵力也较为充实，按1942年12月统计，"希特勒"师拥有678名军官、20166名士兵和士官，"骷髅"师和"帝国"师的兵力则分别为15415人和14095人。尽管这3个师名义上是装甲步兵师，却和装甲师一样编有坦克团，而且还拥有普通装甲师所不敢奢望的"虎"式I型重型坦克连。在哈尔科夫反击中，另一个拥有"虎"式I型重型坦克连的部队就是德国国防军"大日耳曼"摩托化步兵师。从1942年12月到1943年2月，上述4个师一共获得了38辆"虎"式I型重型坦克。

到了哈尔科夫反击开始的1943年2月底，党卫队第1"希特勒"装甲步兵师拥有"虎"式坦克10辆，IV号坦克52辆；党卫队第2"帝国"装甲步兵师有"虎"式坦克12辆，IV号坦克21辆；党卫队第3"骷髅"装甲步兵师有"虎"式坦克9辆，IV号坦克22辆。连同其他型号的装甲战斗车辆，党卫队装甲军共有坦克强击火炮约300多辆。而"大日耳曼"师则拥有"虎式"坦克9辆，III号坦克10辆，IV号坦克42辆，喷火坦克28辆，指挥坦克6辆，总计95辆坦克。另外，德军装甲第6、7、11、17师也将投入相当数量的坦克。

1943年2月19日，德国人的"虎"式重型坦克开始转动沉重的装甲炮塔，快速运转的履带在俄国大地的茫茫白雪上碾过一道道深深的辙痕，在威力巨大的88毫米坦克炮指向的地方，恶战在即。

对于红军西南方面军第6集团军来说，2月19日，德国党卫队装甲军"帝国"装甲步兵师和"骷髅"装甲步兵师对该集团军薄弱的侧翼发动了出其不意的猛烈打击。德国空军第4航空队的俯冲轰炸机群向缺乏空中掩护的红军阵地倾泻炸弹，而德国人的装甲集群则在"虎"式坦克的引导下发动凶猛地冲击。

在双方的坦克战中，曾经在苏德战场上称雄一时的红军T-34坦克遭到了惨重的损失。红军的这种坦克所装备的76毫米坦克炮不但根本无法打穿"虎"式坦克102毫米厚的正面装甲，甚至对德军增强了防护的IV号坦克的正面装甲，在400米以外也几乎无可奈何。而德军"虎"式坦克的56倍径88毫米火炮和IV号坦克的长身管75毫米火炮却可以分别在 1000 米和 500 米的距离上，轻而易举地把 T-34 坦克的正面装甲打个洞。至于红军标准的 45 毫米反坦克炮更是拿德国人的坦克毫无办法。随着德军坦克炮一声声沉闷的炮声，1 辆辆 T-34 坦克被摧毁在了雪原上，其中有一些的炮塔还被殉爆的弹药掀到了天上，然后又重重地砸在了地面。T-34 坦克独自称霸战场的时代一去不复返，取而代之的将是德国人的"虎""黑豹""象"重装甲时代。

坦克质量上的绝对优势加上战术得当，使德国军队取得了一边倒的胜利。他们强大的装甲楔子很快就在红军第 6 集团军的阵地上打开了一个 30 多公里的大缺口，顺着这个缺口，击溃了红军近卫第 4 军的德军党卫队"帝国"师以惊人的高速向南推进了 100 多公里。2 月 22 日，德国第 4 装甲集团军所属的另外 2 个军——第 48、57 装甲军，也发动了进攻。这支德军很快就和党卫队装甲军会合于巴甫洛格勒地域，并且切断了红军第 6 集团军的交通线。紧接着，拥有 3 个装甲、装甲步兵师的德军第 40 装甲军又向已经没有了油料的红军波波夫集群发出了致命一击。

经过一番激战，德国人宣称，在对红军西南方面军的反击作战中，德军击溃了该方面军第 6 集团军、第 1 近卫集团军和波波夫集团军编成内的 8 个军、10 个步兵师和 5 个特种旅，据说有 23000 名苏军被打死。但在另一方面，由于发动进攻的德军兵力并未构成绝对优势，因此没有能够形成一个严密的合围圈，加上天寒地冻，德军的行动大都被限制在各个村庄之间，所以只俘虏了大约9000名红军。

遭到重创后，红军西南方面军在从三个方向扑过来的德国军队的强大压力下，只得从2月27日起快速向后撤退。到了3月3日，他们已经退过了北顿涅茨河，河上结的薄冰方便了红军的通行。但是如此一来，在哈尔科夫地域作战的红军沃罗涅日方面军却处在德国装甲部队的侧翼威胁之下了。

对德国人突然进攻西南方面军的作战行动，最初无论是远在莫斯科的红军最高统帅部，还是在西南方面军侧翼活动的沃罗涅日方面军，都没有引起足够的重视。他们仍然顽固的认为，德国人的反击只不过是为了掩护他们从第聂伯河的撤退。因此，在这一期间，沃罗涅日方面军仍然在向西拼命推进。

直到西南方面军被德国人赶过了北顿涅茨河之后，沃罗涅日方面军司令员戈利科夫上将才发现自己处境十分险恶：此时，刚刚打垮了西南方面军的德军第4装甲集团军正在北上，准备和德军"肯普夫"战役集群一道打击自己的部队。这样一来，沃罗涅日方面军左翼的3个集团军（第3坦克集团军，第40、69集团军）就将遭到14个精锐德国师（包括4个装甲师、3个党卫队装甲步兵师、1个摩托化步兵师、3个步兵师）的攻击。而红军在这个方向能够使用的坦克大约只有70辆，德军则不少于350辆。

面对糟糕的局面，戈利科夫上将急忙在3月3日下令沃罗涅日方面军停止一切进攻，在整个战线转入防御。这位红军上将还紧急要求上级为他那些兵员物资消耗严重的部队提供补充，但由于最近的供应基地也远在200公里以外，增援是完全不可能的了。

1943年3月4日，拥有"虎"式坦克的第4装甲集团军向现在只有50辆坦克的沃罗涅日方面军坦克第3集团军（该集团军原有300多辆坦克）猛扑了过去。但这次进攻却并不十分顺利，在坦克第3集团军司令员雷巴尔科少将的指挥下，缺乏坦克和弹药的苏军利用14.5毫米的反坦克枪来抵抗坚盔厚甲的德国坦克，在苏联境内组织的捷克斯洛伐克军队也参加了战斗。

在和强大德军的激战中，红军损失巨大，各坦克旅各仅剩6辆坦克，各摩托化步兵营只有16~20人。但苏联人的拼死抵抗使德军在2天的进攻中仅仅前进了6到8公里。3月6日，曼斯坦因下令德军将主攻方向转移到了红军第69集团军和坦克第3集团军的结合部，同时把"肯普夫"战役集群所属的"劳斯"军投入了战斗，该军编成内的"大日耳曼"师凭借"虎"式坦克取得了巨大的战果。该师后来夸张地宣称，在3月7日到20日的战斗中，他们摧毁了269辆红军坦克自身只损失"虎"式坦克1辆，IV号坦克12辆，III号坦克1辆。

在投了如此强大的兵力之后，3月10日，德军终于在红军的防线上打开了一个60多公里宽的大口子，而兵力匮乏，没有预备队的沃罗涅日方面军这时已经拿不出什么部队来堵住这个缺口了。为了援救沃罗涅日方面军，斯大林下令抽调近卫第2军、坦克第18军和最高统帅部坦克第3军前往增援。

1943年3月11日，德军第4装甲集团军的部队已经逼近了哈尔科夫。此时，希特勒本人也再次来到南方集团军群司令部给前线部队打气。当天，第4装甲集团军所属的党卫队装甲军为了拿下哈尔科夫作为献给希特勒的礼物，在步兵第320师配合下，不顾重大伤亡从哈尔科夫北面进行迂回，切断了红军的退路；而装甲第48军则从东面对该城进行攻击。在别尔戈罗德方向，已经没有了炮弹的红军第40集团军此时正在和德军恶战。3月12日，党卫队部队冲入了哈尔科夫城，苏德两军发生了激烈的巷战。两天以后，德军包围了红军坦克第3集团军，苏军统帅部只能命令第2航空集团军利用夜航飞机对该集团军进行补充。

战局已定，哈尔科夫城的陷落已成事实。3月15日，守卫该城的红军第17、19步兵旅和第179坦克旅放弃哈尔科夫向东突围。3月16日，党卫队装甲军重新占领了哈尔科夫。从红军夺回哈尔科夫到他们再次失去这座城市，时间正好过了一个月。

在哈尔科夫失守之后，红军第3坦克集团军于3月17日凌晨突围。在损失了大量兵员，丢弃了众多装备后，这个已经疲惫不堪的红军坦克集团军终于撤到了北顿涅茨河左岸，并被就地编入了西南方面军。第二天，德军"大日耳曼"摩托化步兵师占领了别尔戈罗德。对曼斯坦因来说，当前最大的目标就是趁着红军撤退，而解冻泥泞季节还没有开始之际尽可能多地从俄国人手里多抢占一些地盘。此后一直到3月22日，红军沃罗涅日方面军一直都在德军的追击下向后撤退。

3月23日，由于德军兵力不足，加上冰雪开始融化，道路泥泞不堪，而红军新增援上来的3个集团军（第1坦克集团军、第21、64集团军）已经开到，德国人停止了追击。而退过了北顿涅茨河的红军沃罗涅日方面军则沿着河岸，在库尔斯克南部的奥博扬地区建立了阵地。这里就是后来"库尔斯克"突出部的正南面。此时，在经历了几个月的残酷厮杀后，互有胜负的苏德两军终于在哈尔科夫之战中消耗完了最后的力量，彼此都已经无法再组织起大规模进攻了。于是沿着整个东部战线，精疲力竭的苏德两军都转入了防御。在双方完成休整和补充之前，苏德战场将进入一个短暂的"休战期"。

第三次哈尔科夫战役是德国南方集团军群在1943年2月19日至3月15日间在围绕哈尔科夫对苏联红军的一系列攻势

行动。德军的行动代号为顿涅茨克行动，而苏军则称为顿涅茨克及哈尔科夫行动，德军的反攻消灭了大约52个红军师及重新占领哈尔科夫和别尔哥罗德。

当德国第6集团军在斯大林格勒（即伏尔加格勒）被包围后，苏联红军发动了更大规模攻势以打击德国南方集团军群的其他单位。

1943年1月2日，苏军发动星球行动，在1月至2月初间攻破德军防线和攻占哈尔科夫、别尔哥罗德及库尔斯克。虽然苏军行动成功，但参战单位补给线过分延伸。第6集团军在2月2日投降后，苏军中央方面军转向西面及在2月25日向德国南方集团军群及中央集团军群发动进攻。然而连续数月之作战令苏军损失惨重，有些单位只剩下1000至1500人，2月19日，德国南方集团军群总司令曼施坦因陆军元帅利用新到增援的武装党卫军及2个装甲军发动反攻。

虽然，德国人战力下降，德意志国防军仍然侧击、包围及打败红军在哈尔科夫南面的装甲部队。这令曼施坦因能在3月7日开始发动对哈尔科夫的进攻；虽然德军总部命令从北面包围哈尔科夫，但武装党卫军装甲军在3月11日直接进攻该城，引致武装党卫军第1警卫旗队装甲师在3月15日攻占该城前进行了4天激烈的逐屋争夺战。2天后，德军又攻占了别尔哥罗德，形成了一个突出部，导致了1943年7月的库尔斯克战役；虽然德军的进攻令苏军付出了大约70000人伤亡的代价，但由于在哈尔科夫的逐屋争夺战，令武装党卫军装甲军付出很大代价，德军到3月底共损失参战兵力的44%。

德军的顿涅茨克行动令苏军损失了52个师，计70000～80000人。其中大约45200阵亡或失踪，另有41200人受伤。1943年4月至7月，苏联红军需要在这地区重建其部队及准备迎接德军重新发动之攻势，即库尔斯克战役。另，德军的伤亡数字更难统计，但可参考武装党卫军装甲军的伤亡数字。至3月27日，估计武装党卫军装甲军损失了44%的兵力，包括大约160名军官及4300名在役人员。

当武装党卫军装甲军开攻入市内时，他们攻击市西南面的苏军，包括第17轻骑兵旅、第19狙击师及第25亲卫狙击师。虽然没什么用，不过红军仍曾不断尝试与第3坦克军团的残余重新建立联系。3月14日至15日，他们被准许撤退到北顿涅茨克河。而苏军第40及第69军团在13日已经与大德意志装甲掷弹兵师发生战斗且被分割。哈尔科夫战陷落后，苏军在顿涅茨克河的防线已经崩溃。这使得曼施坦因的部队在3月17日可进攻别尔哥罗德，及在翌日攻占该城。但是，恶劣的天气及疲劳令曼施坦因的反攻被迫停止，虽然这位陆军元帅希望攻击在攻占哈尔科夫及别尔哥罗德时形成的库尔斯克突出部。

随着德军在哈尔科夫的胜利，希特勒面临两个选择：第一，"反击方式"是苏军必然重新发动的攻势及实行与在哈尔科夫类似的行动；第二，或是"先发制人的方式"，由南方集团军及中央集团军联合对库尔斯克突出部实施大规模进攻；最终，希特勒选择了先发制人的方式，导致库尔斯克战役爆发。

# 库尔斯克坦克会战

　　哈尔科夫战役的胜利使得德军又充满了信心，曼施坦因希望通过一次诱敌进攻后的防守反击来歼灭苏军。他提出在夏季实施一个代号为"反手一击"的大胆行动，目的是通过迂回到在亚速海的罗斯托夫以包围红军，但希特勒却选择比较传统的城堡行动以旨在粉碎位于库尔斯克的突出部。曼施坦因只得接受。

　　曼施坦因提出他自己的两种建议：一是趁苏军立足未稳，先期发动进攻战役，二是等待苏军先行进攻，待其疲惫和消耗，能量耗尽之后，德军再行反攻，并抄击苏军后路。曼施坦因更为看好第二种方案。但希特勒拒绝了后者，认为让苏军抢先进攻过于冒险。

　　库尔斯克突出部像一个拳头从苏军的战线中延伸出来，其正面长约250英里，底部却不到70英里，而且，经过严密侦察，在突出部发现了众多成建制的部队驻地，曼施坦因计划通过一次南北两翼协调的钳形攻击，合围并歼灭整个突出部内的苏军重兵集团。并且这次战役的成功将缩短德军的战线，使德军部队的机动性大大增加。曼施坦因的计划得到了德国中央集团军群司令克鲁格元帅和陆军总部参谋长蔡茨勒上将的支持，同时也遭到第9集团军司令莫德尔上将和装甲兵总监古德里安上将的反对。反对的依据是：1943年春，德国在东线损失了大量坦克。而且作为主力的3号、4号坦克已被证明不是苏联T-34坦克的对手，而新一代5号豹式坦克和6号虎式坦克，月产量分别只有50辆和25辆，数量上与苏军相比明显处于劣势。古德里安认为对库尔斯克的进攻将使坦克遭受很大损失，希特勒对此也犹豫不决，他曾对古德里安说"自从我开始考虑这次进攻，我一直心情不好"。但最终希特勒还是决定采纳曼施坦因的计划，他于4月15日发布第6号作战命令，决定德军以中央集团军群和南方集团军群联合发动一个钳形攻势以摧毁在库尔斯克突出部的苏联军队。作战代号为"堡垒"。

　　"堡垒"作战按计划应于5月4日发动，但由于这年雨季结束的较晚以及德军准备上的不足，作战计划不得不一再延期。在5月份的一次讨论"堡垒"计划的会议上，第9集团军司令莫德尔上将带来了一叠航空照片，这些照片显示了苏军在德军计划的进攻路线上，已经构筑了大量的防御工事，莫德尔认为进攻的最佳时机已经失去了，苏军已经恢复了元气，"堡垒"计划应该放弃。希特勒再次显示出犹豫，但在克鲁格、蔡茨勒和曼施坦因等的坚持下以及对于"闪电战"的自信,"堡垒"作战最终被确定在7月5日发动。

兵力及部署中央集团军群所属的莫德尔上将的第9集团军在库尔斯克突出部北部,该集团军共有21个德国师和3个匈牙利师,33.5万人,其中有6个坦克师,共有590辆坦克,424门火炮。

在突出部的中部是德中央集团军群的第2集团军,9.6万人,他们在这个攻势中,将起辅助作用,主要任务是保持突出部南北的德军间的联系。

在突出部南部是曼施坦因的南方集团军群,包括霍特将军的第4装甲集团军和肯普夫集群。第4装甲集团军下辖第52步兵军、第48装甲军和第2党卫装甲军共22.4万人,925辆坦克,704门火炮;右翼的肯普夫集群,拥有10个师,12.6万人,344辆坦克和25门火炮。

此外,还有约20个师部署在上述各突击集团的翼侧。第4、第6航空队的航空兵负责支援陆军。这样德军的进攻总兵力达到90余万人,火炮和迫击炮约1万门,坦克和自行火炮2700辆,飞机2050架。德军为这次进攻还投入了大量新式兵器包括"虎"式、"豹"式坦克和"斐迪南式反坦克歼击车"以及"胡蜂"等自行火炮,以及"福克沃尔夫190A"式战斗机和"汉克尔129"式攻击机。

与此同时，苏军也在计划下一步的行动。沃罗涅日方面军司令瓦图京大将主张发动一场先发制人的进攻，以打乱德军的进攻准备并夺回在哈尔科夫战役中失去的战略主动权，斯大林本人也倾向于这一方案，而朱可夫、华西列夫斯基等则认为苏军应先保持防御状态，以坚强的防御消耗掉德军进攻能量，摧毁其装甲兵力，然后再发动反攻。此时，根据前线的侦查和间谍情报都预示德军将对库尔斯克突出部的苏军展开大规模进攻，在4月12日的一次会议上，斯大林最终被说服，采纳了朱可夫的计划。于是苏军开始在库尔斯克转入了积极的防御准备。

在前沿阵地，苏军精心地设计他们的防御，构筑了数道防线，防御纵深超过100英里，整个防御体系由大量互相紧密配合的战壕、铁丝网、反坦克火力点和反坦克沟壕以及雷区组成，在德军最可能的进攻方向上，聚集了大量的兵力和火力。

在库尔斯克突出部北部，正对着德中央集团军群方向的是罗科索夫斯基的中央方面军，包括第70、第13、第48、第60、第65集团军以及第2坦克集团军，总兵力达71.1万人，1.1万门大炮和迫击炮，1785辆坦克和自行火炮。由于苏军认为强大的德中央集团军群会担当此次德军的主攻，苏军在这个方向的力量也是最强的，朱可夫元帅也亲自在此坐镇指挥。

在库尔斯克突出部南部，面对德南方集团军群的是瓦图京的沃罗涅日方面军，下辖第6、第7近卫集团军、第40、第38、第69集团军、第1坦克集团军以及步兵第35军，总兵力62.5万人，8718门大炮和迫击炮，1704辆坦克和自行火炮。

在中央方面军和沃罗涅日方面军的后方是科涅夫的草原方面军，它的任务是当前方两个方面军形势吃紧时，向它们提供增援，而一旦库尔斯克防线被德军突破，它将成为最后一道防线，而当苏军转入反攻时，它将提供新鲜的兵力。该方面军辖近卫第4、第5集团军、第27、第47、第53集团军、近卫第5坦克集团军、近卫第3、第5、第7骑兵军、近卫第4坦克军、近卫第1、第3机械化军。总兵力为57.3万人，8510门大炮和迫击炮，1639辆坦克和自行火炮。

双方在库尔斯克突出部相持着等待时机。

7月4日夜，苏联近卫第6集团军抓获德军第168步兵师的一个士兵，他供认德军即将在第二天开始进攻。7月5日凌晨，苏第13集团军俘虏了一个德军德国第6步兵师的中士，他也供认德军将在几小时之后发动进攻。为了打乱德军进攻步骤，朱可夫于5日2时20分下达向德军阵地实施了炮火反准备的命令，库尔斯克会战的序幕由此拉开。

苏军的炮击完全出乎德军的意料，造成很大损失，虽然比原计划推迟了3个小时。而德南方集团军群的第4装甲集团军根据预定计划发动进攻，在损失36辆坦克后，德军艰难的越过了苏军的反坦克雷区，猛攻苏第67近卫步兵师的防线，面对德军3个师的进攻，苏第67近卫步兵师难以抵挡被迫后退，瓦图京于是把方面军预备队调了过来，希望把德军挡在第二道防线外。可是德军于6日在苏军第二道防线上打开了一道缺口，并强渡了佩纳河。

由于德军的进攻比预计的要猛烈的多，瓦图京被迫取消了原定于7月6日的反攻，而将计划用于反攻的第1坦克集团军的部分坦克布置在防线后方以支援步兵进行防守，部分坦克布置在侧翼打击德军。这一天，德国空军出击了超过1000架次，完全压制住了苏联空军。经过一天激战，双方都受到了很大损失。

在6日傍晚，瓦图京向华西列夫斯基请求增援，后者在得到最高统帅部的同意后，立即把草原方面军第5近卫集团军的第2和第10坦克军353辆坦克调往沃罗涅日方面军。同时瓦图京接到斯大林亲自打来的电话，要求他不惜一切代价，阻止德军在库尔斯克突出部南部的突破。

在7日的战斗中，德军只向前推进了数公里，未能达成突破苏军防线的任务。第二天，德军仍然顽强地继续他们的攻势，而瓦图京也在计划反攻，为此，他向最高统帅部请求把草原方面军的第5近卫坦克集团军和第5近卫集团军调给他指挥，他的请求很快就被批准了，但这些部队需要几天的时间才能到达。在制空权的争夺上，通过7、8两日的空战，苏联空军也逐渐扭转了劣势，完全夺取制空权只是时间问题。这也迫使德军进行主力决战。

1943年7月12日，双方共有1500余辆坦克和自行火炮在普罗霍罗夫卡激战，普罗霍罗夫卡坦克大战也因此被认为是人类战争史上最大规模的坦克战，成为传奇。7月12日晨，战斗打响，苏德双方几乎是同时发动了进攻，在战斗中德军"虎式"坦克的88毫米炮与四号坦克的75毫米坦克炮优势明显，苏军T-34坦克的76毫米炮在同样距离下无法对德军造成威胁，大量的苏军坦克在交战距离以外就被德军击毁。苏军近卫第5坦克集团军战报报告所属坦克军已经丧失了继续进攻的能力，已经将余下的坦克编入步兵部队。

在这天的坦克大战中德军虽然以相对较小的损失，摧毁了更多的苏军坦克，但他们却没能攻占普罗霍罗夫卡，而随后源源赶到的苏军援兵使他们的防线将更加坚固。

该战役可被评为在战术上付出很大代价及苏军被迫撤退，无论苏军近卫第5坦克集团军或德军武装党卫军第2装甲军均不能达到其目的，坦克的损失已经是引起争论的题目，苏军的损失由少至200辆至多至822辆，其中大部分为绝对损失。同样地，德军的损失由少至80辆至多至数百辆，包括很多虎式坦克，这个数字在德国人于计算损失坦克数字的哲学上不可能成立，从7月10日至13日第一阿道夫·希特勒警卫旗队装甲师及第二帝国装甲师的需要完全报销的坦克数字只有3辆，另有数目不详的坦克损坏，很多的损失来自都是苏军在之后的奥泽洛夫·鲁缅采夫行动的反攻中因攻占德军坦克的维修工厂，因此行动中的德军坦克损失数字大约是70至80辆，但不清楚需要短期或长期维修的数字。

由于，苏军近卫第5坦克集团军不能达成攻占有利地形或击溃德军武装党卫军第2装甲军的目的，双方均被削弱，科涅夫决定用近卫第5坦克军团对抗德军对战局有很大影响，因为，这里是德军的主要进攻方向。随着苏军大量投入预备队作战，以及美军在西西里岛登陆分散了德军的注意力，库尔斯克会战最终以德军失败拉上了帷幕。

库尔斯克会战中，德军损失兵力5万人，损失坦克约248辆，损失飞机200架。苏军也为库尔斯克会战付出了惨重代价，损失兵力80多万，损失坦克6064辆，损失火炮5244门，损失飞机1716架。

会战的结果是德军永久的丧失了战场主动权，这次会战后苏军又向德军发动了连续攻势，收复大量失地，在11月解放了基辅，同时苏军的各级指挥员也在战火中迅速成长起来，指挥艺术也越来越成熟，最终使苏军不仅在数量上超过德军，在质量上也超越了德军。

# 攻克东方堡垒

1943年9月25日，苏联红军轰炸了斯摩棱斯克的纳粹军队，解放了斯摩棱斯克及其东南37公里处的罗斯拉夫尔。斯摩棱斯克被攻克，使得苏军拥有了长达250公里的连续不断的完整阵线。

斯摩棱斯克位于莫斯科以东380公里，是德军进攻莫斯科的必经之路。1941年2月开始，苏军和德军为争夺斯摩棱斯克，展开了两个月的大会战，双方伤亡惨重，1941年9月10日，德军占领了斯摩棱斯科。经过两年血战，苏军由防御转入了全线反攻。

1943年夏季，苏联红军在取得了库尔斯克会战胜利后，决定在大卢基至黑海1500公里的战线上展开总攻，而在西南方向上实施主要突击。德军一直把斯摩棱斯克视为东线最大的阵地工事，号称"东方堡垒"，由德国中央集团军群40多个师共85万人防守，配备火炮和迫击炮8800门、坦克和强击火炮约500辆、飞机700架。

1943年8月7日，苏军以西方面军和加里宁方面军共125万人，火炮和迫击炮20600门、坦克和自行火炮1430辆、飞机

1100架，向斯摩棱斯克发起攻击。目的是牵制德中央集团军群左翼，阻止其兵力调往苏军实施主要突击的西南方向，并解放斯摩棱斯克。经过两个月的激战，在宽约400公里的地带内向西推进200至250公里，歼灭了德中央集团军群7个师，重创14个师。仅在斯摩棱斯克市及基辅市郊区布罗瓦雷的24小时的激战中，就歼灭德军4100多人。苏军在斯摩棱斯克方向的进攻，迫使德军从奥廖尔——布良斯克方向调来13个师，从其他方向调来3个师，从而有力地配合了库尔斯克的反攻，为下步夺取基辅战役的胜利创造了条件。

# 突破第聂伯河防线

第聂伯河地区，对苏德双方都有重要的战略意义。它掩护着乌克兰首府基辅和顿涅茨克—克里沃罗格两个战略方向。苏军渡过第聂伯河以后，就可以解放白俄罗斯和西岸乌克兰，进而把战争引向苏联国境以外。德军统帅部对第聂伯河地区的防御很重视，调集德军中央集团军群和南方集团军群的5个集团军，约124万人，企图依托险要的天然障碍，阻止苏军的进攻。

苏军统帅部在库尔斯克会战胜利后，为了不给德军喘息的机会，决心继续发起进攻，突破德军的第聂伯河防线。苏军参战的部队有白俄罗斯方面军、乌克兰第1、第2、第3、第4方面军，共263万多人。战役从1943年8月13日开始，经过3个多月的不断突击，到11月6日，乌克兰第1方面军攻战了基辅，并在基辅地区建立了正面500公里、纵深150公里的战略登陆场。

白俄罗斯方面军于11月中下旬进行了戈梅利—列齐察战役，夺取日洛宾以南纵深达100公里的登陆场，乌克兰第2、第3方面军在第聂伯河上建立了正面450公里的登陆场，第4方面军，突破了德军"东方堡垒"莫洛齐亚纳河一段防线，前出到第聂伯河下游，封锁了克里米亚半岛的德军。斯大林在宣布这一重大胜利的消息时说，莫斯科政府要授予获胜的军队极大荣誉，将用224门大炮一齐鸣响，为他们庆祝。

苏军突破第聂伯河德军防线，既表现了苏军的英勇果敢、不怕牺牲的精神，也表现了苏军指战员的机智和活用战术的随机应变。第聂伯河非同一般的小河，它长达2258公里，河宽为400至3500米，水深4至12米，是欧洲第三条大河。河区地形复杂，河汊、沼泽、沙洲、沙滩较多。而且德军控制的西岸地势较高，可瞰制东岸。德军沿河岸修筑了许多坚固据点，还修了沿江公路及一系列防御工事，称作"欧洲城堡和东方壁垒"。德军统帅部曾预测，面对着这一险要的障碍，任何苏军在宽大正面强渡第聂伯河，都将在驶抵对岸之前被消灭。但是，苏军改变了往常用大炮、飞机狂轰敌军阵地的同时组织优势兵力强行渡河的战术。他们根据河面宽阔、地形复杂、河汊和沼泽密布、且西岸很陡、两栖车辆难以登岸的特点，在60公里的宽大正面上，组织许多先遣队，选择不适于渡河且德军防守薄弱的地点，实施小规模分散突破。首先抢占渡口，站稳脚跟，再向四周扩大阵地。渡河时，一股股先遣队乘渔船、汽油桶、筏子、木排器材强行渡河，占领渡口后，后续部队抢搭浮桥，将坦克、大炮等运过河去。登陆部队由营扩展到团和师。墨守成规的德军，只组织驻防部队实施反突击，主力兵团等待苏军大兵团强渡时再投入交战，结果丧失了战机。当德军发现苏军的企图时，为时已晚，苏军已全部渡过了第聂伯河。德军企图凭借第聂伯河的天险阻止苏军的企图彻底破产。

# 国境线作战计划

　　第二次世界大战发展到转折时期，苏军从战略防御转入战略进攻，为了把德军全部彻底赶出苏联领土，苏军从1944年1月开始，在大约4500公里的战线上，连续对德军及其仆从军发起十大战役，对侵略军实施著名的十次打击。

　　第一次打击是苏军发动列宁格勒——诺夫哥罗德战役，目标是彻底解除德军对列宁格勒的封锁，歼灭苏德战场北翼的德军集团。这次战役，苏军投入列宁格勒方面军、沃尔霍夫方面军和波罗的海沿岸的第2方面军的8个集团军，约125万人。与之相对峙的是德军北方集团军群的2个集团军，约74万人。经过一个多月的酷战，全歼德军3个师，击溃23个师，苏军向西推进220至280公里，彻底解除了德军对列宁格勒的围困。

　　第二次打击是苏军发动的第聂伯河右岸乌克兰战役，目标是解放乌克兰这一重要经济区和战略区。苏军投入乌克兰第1、2、3、4方面军，约220万人。固守这一地区的德军是南方集团军群和A集团军群，约180万人。战役在1300多公里宽的正面和500公里的纵深内展开，从1941年1月24日开始，到 3 月 6 日止。共歼灭德军 66 个师，解放了第聂伯河右岸乌克兰，在 400 公里宽的正面战线上，使德军败退到国境线边上，实施了卫国战争以来第一次重大的战略突破。

第三次打击是苏军发动的敖德萨战役，目标是彻底解除德军对苏军南翼的威胁。德军是 A 集团军群所属的 6 个集团军和罗马尼亚第 3 集团军，苏军是乌克兰方面军。战役从 3 月 26 日开始，到 4 月 14 日止，共歼敌 37000 人，战线向前推进了 180 公里，解放了尼古拉耶夫州和敖德萨州。

与此同时，苏军还发动了克里木战役。苏军以乌克兰第 4 方面军和独立海滨集团军为主，黑海舰队和亚速海区舰队进行支援，共 47 万人。固守的敌人是德军第 17 集团军下辖 5 个德国师和 7 个罗马尼亚师，共 195000 人。从 4 月 8 日到 5 月 12 日，歼敌 14 万多人，全部解放了克里木半岛。

第四次打击是苏军发动的卡累利河战役，目标是迫使芬兰退出苏德战争。卡累利河是苏芬 1940 年确定的边界线，沿卡累利河地峡，苏芬边界线 1000 多公里。

1941 年苏德战争爆发，芬兰政府参加了德国侵略集团，德、芬军队越过卡累利河，进到 1939 年苏芬旧的边界线，对苏军北翼构成严重威胁。

这次战役从 1944 年 6 月 10 日开始到 8 月 9 日结束，苏军集中了 45 万人，1 万门大炮、800 多辆坦克和 1 500 多架飞机，对芬兰军队施行猛烈突击，连续突破敌人的防线。7 月底，苏军推进到苏芬国境线，9月初，芬兰退出苏德战争。这一战役进一步改变了苏德战场北翼的战略态势，为尔后苏军在波罗的海沿岸作战创造了有利条件。

第五次打击是苏军发动的白俄罗斯战役，目标是歼灭白俄罗斯境内的德国军队。这次战役的代号为"巴格拉季昂"。固守德军120万人，各种大炮9500门、坦克和自行火炮900辆（门）、飞机1350架。苏军的总兵力240万人，各种大炮36400门、坦克和自行火炮5200辆（门）、飞机5300架。整个战役从6月23日至8月29日结束，共歼灭德军54万多人，给予德国中央集团军群以毁灭性的打击，战线向西推进了500至600公里，解放了白俄罗斯全部领土及波兰东部地区，逼近了波兰首都华沙。

第六次打击是苏军发动的利沃夫——桑多梅日战役，目标是解放西乌克兰和波兰东部，在维斯瓦河西岸建立巨大的登陆场，为尔后进攻华沙和伯林创造条件。这次战役，苏军调集了82个步兵师和骑兵师、10个坦克军和机械化军、4个独立坦克旅和机械化旅，共120万人，德军是北乌克兰集团军共90万人。战役从7月13日至8月末，苏军共击溃23个德国师，全歼13个师，在维斯瓦河西岸建立了一个宽75公里、纵深55公里的桑多梅日登陆场，取得了重大胜利。

第七次打击是苏军发动雅西——基什尼奥夫战役，目标是解放摩尔达维亚，迫使罗马尼亚退出苏德战争。这是苏联和罗马尼亚边境的一次大战役。苏联的总兵力为125万人，德军90万人。从8月20日至29日，苏军共歼灭德军22个师，俘虏22.8万人，导致德军南翼防御的崩溃。罗马尼亚政府也退出了法西斯联盟，并于8月24日向德国宣战。

第八次打击是苏军发动的波罗的海沿岸地区的战役，目标是解放波罗的海沿岸各加盟共和国。苏军有90万人，德军73万人。从9月14日至11月24日，苏军共击溃德军29个兵团，解放了波罗的海沿岸大部地区。

第九次打击是苏军发动的攻占南、匈、罗、捷部分地区的战役，目标是解放南斯拉夫、匈牙利、罗马尼亚、捷克斯洛伐克部分土地，从东南方面缩小对德国的包围圈。苏军投入战斗的是乌克兰第1、3、4方面军、罗马尼亚第1、4集团军、南斯拉夫第3集团军、保加利亚第3集团军。德军是A集团军群所属的20个师、南方集团军群所属的36个师、F集团军群的26个师，共82个师。战役从1944年9月28日至1945年2月13日止，共歼灭敌人35个师。先后解放了南斯拉夫首都贝尔格莱德、匈牙利首都布达佩斯及其他大部领土。匈牙利各民主团体组成了临时政府，并于1944年12月28日对德宣战。

第十次打击是苏军发动的佩特萨莫—希尔克内斯战役，目标是把德军从苏联的北极地区全部赶出去。苏军参战的是卡累利河方面军第14集团军和北方舰队，德军固守部队是山地第20集团军所属山地步兵第19军。战役从1944年10月7日开始，到10月底，共歼敌军3万多人，击沉敌舰156艘，战线向前推进了150多公里，解放了挪威。

# 印度英帕尔争夺战

英帕尔处于缅印边界印度一侧，总面积约80英里，是驻缅英军的主要军事基地。

1944年3月，日军开始实施"U-Go"攻势，派遣日军第33师团、15师团和31师团及其他部队大约10万人，分3路进攻英帕尔及其北面的科希马，企图打通进攻新德里的道路。日军牟田口将军宣布："陆军现在已达到天下无敌的地步，太阳旗宣告我们在印度肯定胜利的日子为期不远了。"他计划这次"向印度进军"，只需一个月就可以占领英军在英帕尔的阿萨姆邦基地。英印军得知了日军大规模调动和进攻方向的准确情报，准备以3个师后撤引诱日军进入英帕尔平原。英印军在坦克和飞机方面都占着绝对优势，但由于日军神速的进军仍然陷入困境，不到10天，印度第17师就被日军第33师团围困在英帕尔以南100英里处，位于战线中心地位的印度第28师也遭到日军第15师团的左右夹击。在这危险时刻，英国皇家空军将印度第5师及骡马、大炮空运到若开以北400英里的地方，为前两个师解了围。但新的危机又出现了，日军一支队伍闪电般插向英帕尔以北50英里的英帕尔的重要公路，在这城市附近有缅甸盟军的重要补给基地，这里存放大量货物和弹药，但只有少量部队防守。日军得知这一情报，牟田口将军决定立即攻占这一军需基地，但日军驻缅总司令佐藤将军却认为牟田口越权了，他宣布这个小城"不在第15军的战略目标范围之内"。结果，错过了战机。如果当时日军占领了英军补给基地科希马，不仅驻缅盟军会受到沉重打击，也可能导致东南亚盟军部队的失败。

在英帕尔地区，双方展开了激烈的争夺战，几乎对每一寸土地都进行拼死的争夺。日军第15军司令牟田口将军向前线司令官下命令："继续执行命令，直到弹药耗尽。如果你们的手臂断了，用你们的牙齿。如果已经停止了呼吸，用你们的灵魂战斗。"当时正是雨季，泥淖、伤寒、疟疾、痢疾、疲劳、烂脚、身上长疮，使部队处于极端凄惨的境地。日军的处境就更难了，除了上述的问题外，还缺乏供给品和弹药。由于英军有空中优势，空投物资和送来了增援部队，结果打得日军狼狈不堪，丢下4万多尸体，向丛林溃逃。英帕尔战役是缅甸战场的转折点，是日军走向彻底失败的开始。

# 阿登反击战

1944年12月16日，出乎盟军的意料。希特勒在阿登地区发动了大规模反击。

阿登地区位于比利时东南部及法国北部，属高原地区，有森林和山谷。德军的一些高级将领主张进行小规模的反击，希特勒无视其他人的意见，决定孤注一掷，集中了3个集团军共25万人，展开反击。其目的是突破盟军防守最薄弱的防线，直插布鲁塞尔和安特卫普，分割和歼灭比利时和荷兰境内的盟军，创造同英美单独媾和的条件。德军由陆军元帅冯·龙德斯泰特统率，主攻方向是北方前线，企图渡过马斯河并继续向安特卫普挺进。另有两支部队向南开发，作为掩护主攻部队的侧翼。

经验丰富的德军西线总司令龙德施泰特元帅和B集团军司令莫德尔元帅对希特勒的计划深表忧虑，然而当11月3日两人从希特勒的特使约德尔上将手中接过"莱茵河卫兵"详细作战计划时，上面有希特勒的亲笔字迹："不得更改"。

希特勒此时已经罢免了与他意见不合的曼施坦因。他试图从东线抽掉部队形成西线的部分局部优势，突破阿登山区美军第一集团军和巴顿指挥的美国第3集团军的结合部之间85英里宽的薄弱防区。"现有部队肯定能突破的地方……防线单薄，他们也不会料到我们会发起突袭。因此，充分利用敌人毫无防备的因素，在敌机不能起飞的气候下发起突然袭击，我们就能指望取得迅速突破。"为此德国发布了关于建立"人民近卫军"的命令，应征年龄从16~60岁，训练时间只有短短不到两个月。

战役伊始，德军攻势猛烈，盟军防线被突破，伤亡严重。主攻方向部队迅速向前推进，达到了距马斯河仅4公里的地方。美军麦考利夫准将率领的伞兵部队受到德军5个师的包围。由于大雪和乌云。阻碍了美军飞机空投补给品，部队处于十分危机的境地。

12月16日拂晓，在密集炮火准备后，德军兵分三路发动突袭：左翼是布兰登堡指挥的第7集团军（辖4个师）；中路是曼特菲尔指挥的第5装甲集团军（辖7个师）；右翼是狄特里希指挥的党卫军第6装甲集团军（辖9个师）。总攻前，德军还实施了两个特别行动以配合正面进攻。一是代号"鹰"的空降作战行动，目标占领美军后方的公路交通枢纽；另一代号"格里芬"行动则由德军特种部队——第150装甲旅执行。他们装扮成美军，在德国大部队到来之前潜入盟军阵地，尽可能地制造混乱和破坏，占领战略要地。

17日，美军第106师的2个团7000多人被德军包围后投降，成为美军在欧洲战场上遭到的最严重失败。18日，中路德军第5装甲集团军逼近公路交通枢纽巴斯通；右翼党卫军第6装甲集团军占领了马斯河渡口；左翼第7集团军渡过奥尔河。至12月20日，德军已撕开美军防线，形成一个宽约100公里、纵深30公里至50公里的突出部。

17日早上，盟军最高指挥部急调美军第82和第101空降师火速增援；19日，又命令巴顿将军指挥的美军第3集团军北上驰援巴斯通。坚守阿登地区的美第1集团军则接到命令不惜一切代价顶住德军进攻，坚守到援军到来。

在美军受到严重威胁的情况下，欧洲盟军最高司令艾森豪威尔采取果断措施，将被切断联系的阿登以北的美军第12集团军群的两个集团军划归英军第21集团军群司令蒙哥马利统一指挥。同时，急调大批增援部队坚决阻击德军进攻，并积极准备反突击。

到24日，美、英军已有24个师60万人参战。天气转晴后，占极大优势的美英空军发挥了重大作用。南部交通枢纽巴斯托涅城解围之后，第21集团军群和布雷德利指挥的第12集团军群于1945年1月初实施全线反突击，16日在乌法利兹会师。东线苏军也提前发动强大攻势，配合美英军行动。

由于德军兵力不足，指挥失当，加之油料供应不上，不得不向东撤退。28日，德军退回边境，阿登反攻计划遭破产。在阿登战役中，德军损失8.2万人，盟军损失7.7万人，严重削弱了德军在西线的防御力量和机动能力。

　　战后，很多人对阿登作战进行了评价。丘吉尔曾针对德军的战略意图进行分析："德国陆军最高统帅部计划穿过阿登山脉进行大规模的突击，在肩胛处切断盟军北方集团军的弯曲的左臂。这一行动除规模较大和速度与武器不同以外，很像拿破仑在奥斯特利茨战役突袭普拉赞高原，切断和破坏奥俄联军的迂回运动，并突破其中央阵地。"

　　遗憾的是，历史就是历史。在丘吉尔的著作《二战回忆录》中，他表示，当时，他对德军的判断是一场"我们明知危险而又甘冒这种危险"。他承认，对于德军的进攻还是缺乏关注："德军第6党卫装甲军是一支大家公认的劲旅……12月初那条战线的战斗沉寂下去时，他暂时逃脱了我方情报部门的监视。"而此时统领英国军队的蒙哥马利则更乐观："目前敌军在所有战线上都在打防御战；他们的处境已不可能使他们发动大规模的进攻战了。"

　　蒙哥马利虽然没有猜对前半部分，却猜对了后半部分。"莱茵河卫兵"计划是一种天才。然而现实却很残酷。德军的当前实力远不能和4年前相比。参与阿登战役特种作战的德军特种作战头目斯科尔兹内回忆起希特勒接见他时说道："我记得他说我们将在阿登部署6000门火炮，此外，德国空军将派出约2000架飞机，其中包括许多新型喷气机。"事实却是，德军选择了在最恶劣的天气发动进攻，因为那时盟军的飞机不能起飞。

# 进抵奥得河

奥得河处于波兰境内，是德军东线的最后一道防线，突破这道防线，就可以直接向德国首都柏林挺进。为防守这道防线，德军修筑了坚固的工事，由A集团军群56万人驻守。苏军的反攻部队越过波兰国境线后，由朱可夫元帅指挥的白俄罗斯第1方面军和科涅夫指挥的乌克兰第1方面军共220万人，组成了强大的攻击力量，并有波兰第1集团协同作战，从1945年1月12日至2月3日，发动了由维斯瓦河至奥得河的进攻战役。经过血腥的激战，歼灭德军22万人。德国A集团军向西溃退。苏军夺取了奥得河西岸的全部登陆场，控制了奥得河沿岸150英里的地盘，将东西两侧的德军隔离开来。

1月31日，苏军冒着铺天盖地的暴风雪攻入柏林的外围城市。朱可夫的第1方面军，已经占据了柏林东北方向的科尔斯道夫镇，离柏林仅有67英里。其他的部队则迂回几百里之外的东部和南部。据报道，德国难民像被猎狗追踪的狐狸一样，跑在苏军的前面，其中有些人居住在希特勒强夺的波兰生活区里，有些人来自德国东部地区。难民中还有德国士兵和希特勒的将领。据说海因里希·路易波德·希姆莱就在其中，他是接受希特勒的命令，去东部前进"制定和实施强硬的决策"的，结果也被苏联红军迅猛的攻势冲得七零八落，仓皇逃命。

　　与此同时，苏军还于1月13日至4月25日，在东普鲁士发动了战略性进攻战役，苏军167万人，德军78万人，双方有数千架飞机和几万门大炮、坦克对垒。经过三个半月的激战，歼灭德军10多万人，有力地配合了苏军在柏林方面的胜利进军。

# 强渡莱茵河

1945年3月23日夜10时30分，美军装甲部队先遣队，在卡尔·廷默曼上校指挥下，穿过刚刚酷战过的阿登高原地区，到达了莱茵河畔的雷马根镇。当另外一支部队准备在一条小河上建立桥头堡时，廷默曼手下的人惊奇的发现，在莱茵河上有一条完好无损的桥梁，这就是鲁登道夫大桥。这是德军撤退时没来得及炸掉的。他们迅速登上桥梁向东岸奔去，突然，桥上的战士都潜入水里隐蔽起来。原来德军在一个桥墩下埋设了饵雷，一声爆炸使大桥发出咯咯的响声，然而大桥却奇迹般地保存下来。美军迅速在河对岸建立了桥头堡。当美军总部得到这一报告时，下令所有的部队趁此良机向雷马根挺进。大量的部队和装备源源渡到河东岸。

到3月26日，盟军已在莱茵河上架起了7座桥梁，河的下游和中游的两栖坦克部队也登上河对岸。渡河部队与事先空降的伞兵部队相会合，向东北方向迂回前进，在鲁尔工业区包围德军18个师，共32.5万人，经过18天激战，德军被迫投降。与此同时，盟军已将主要兵力集中到中央方面，向易北河中、下游和奥地利推进。

# 易北河会师

　　1945年2月以来，东线的苏军完成了维斯瓦河至奥得河战役，对柏林构成了严重威胁。西线英美联军击退了德军在阿登的反击，渡过莱茵河，完成了对鲁尔工业区敌人的包围，将主力集中到中央方向上，日夜兼程，以每天60英里的速度向东挺进。4月25日，美布莱德雷第1集团军先头部队在易北河畔的托尔高地区同苏联乌克兰第1方面军胜利会师。这样，终于使东线和西线两个战场联结在一起，从而把德国分割成南北两半，将其置于死地。盟军以摧枯拉朽之势横扫了东部和西部，现在他们将从容不迫地向北部和南部挺进。

　　德国边界也在盟军控制之下，法军占领了瑞士边界并扫荡了斯图加特南部的黑森林。英国第1军正在向海岸挺地，占领了不来梅城外的一个雷达站。波兰装甲师也进到海边的德国海军基地埃姆登的东南部。美第7集团军渡过多瑙河，进入巴伐利亚，进而攻占慕尼黑。至此，希特勒只剩下最后一个法西斯堡垒——柏林了，德国法西斯的灭亡已指日可待。

# 攻克柏林

　　1945年，反法西斯战争已进入第4个年头，苏军和英、法、美军队先后攻入德国领土，苏军已进抵奥得河、尼斯河，美英军队先头则前出支易北河畔，东西两线相距仅150至200公里，纳粹德国首都柏林已处于苏军的直接威胁之下。希特勒负隅顽抗，动用了大批人力、物力，在东部修筑了三道防线，以抵御苏军对柏林的进攻，同时环绕柏林建立了三层防御圈，将柏林分区防守，妄图作困兽之战，拖延战争，等待反法西斯同盟内部分裂，战争出现转机。美英军队也想先于苏军抢占柏林。苏军为了粉碎这些阴谋，尽早结束欧洲战争，发动了柏林战役。

　　1945年4月6日，苏军向柏林发动了总攻。朱可失率领的白俄罗斯第1方面军和科涅夫率领的乌克兰第1方面军是进攻的主力。在空军的猛烈轰炸和炮兵和轰击后，苏军士兵跃出战壕向德军阵地发起勇猛的冲锋，在德军士兵还没有从轰炸中清醒过来，就冲到了他们面前，双方展开了激烈的争战，至4月18日突破了德军的三道防线，逼近了德军的柏林防御圈，20日，苏军炮兵开始轰击柏林，朱可夫部和科涅夫部分别从东、北面和南、西南面向柏林突击。25日，两路苏军在柏林以西会合，包围了柏林守军。

4月26日，苏军开始了攻克柏林的战斗。德军在柏林采取了分区防守，逐街逐屋地进行战斗，苏军则采取多路向心突击的办法，强攻市区，缩小包围圈，将德军分割包围，最后予以消灭。双方在市区展开了激烈的争夺战，德军在市区修筑了大量的街垒工事，使苏军每前进一步都要进行艰苦的战斗。经过反复争夺，苏军占领了柏林城的大部地区。30日，苏军向国会大厦所在地区发动了猛烈进攻。希特勒眼见大势已去，在地下室自杀身亡。当天晚上，苏军经过激烈的战斗，终于攻进国会大厦，将胜利红旗插上了柏林国会大厦。5月2日，德军卫戍司令率部投降，苏军攻克了柏林。5月7日，德军总参谋长约德尔在法国兰斯向美英盟军签署了无条件投降书。9日，德军统帅部代表凯特尔在柏林向苏、美、英签署了无条件投降书。

经过这个战役，德军的有生力量基本被消灭。整个战役期间共消灭德军93个师，俘获官兵48万人，缴获大量的坦克、飞机和火炮，是二次大战中最大战役之一。柏林战役的结束，标志着第三帝国的灭亡，苏德战争和欧洲战争结束。

# 第一次中东战争

　　1948年5月15日，阿拉伯联盟5个国家（即埃及、外约旦、叙利亚、伊拉克和黎巴嫩）分别与以色列展开激战，因而爆发了第一次中东战争。这次战争的战场主要在巴勒斯坦境内，所以又称巴勒斯坦战争。

　　中东地区是欧洲人以欧洲为中心而提出的一个地理概念，它包括埃及、叙利亚、黎巴嫩、伊拉克、约旦、科威特、巴勒斯坦、巴林、卡塔尔、也门、南也门、沙特阿拉伯、阿拉伯联合酋长国、阿曼、土耳其、塞浦路斯、伊朗和以色列等18个国家和地区，总面积为740万平方公里，人口1.7亿。中东历来就是东西方交通要道，衔接欧、亚、非三大洲，沟通了印度洋和大西洋，以及地中海、黑海、红海和阿拉伯海，战略地位十分重要。中东地区蕴藏着极为丰富的石油资源，据说可占世界蕴藏量的五分之三以上，石油产量占世界总产量的42.3%。所以，中东地区历来是新老殖民主义者竞相争夺的重点地区。尤其是巴勒斯坦，地处中东的中心地带，西濒地中海，南邻西奈半岛，扼亚、非、欧的要冲，是联结东西部阿拉伯国家的纽带，长期以来一直是大国争夺的主要目标。

巴勒斯坦历史上最早的居民是迦南人，后来是犹太人、阿拉伯人以及其他民族混居的地区。犹太人曾在这里建立过以色列国和犹太王国，后来这里先后被亚述、巴比伦和罗马帝国征服和统治，犹太人经过三次大流散大部分流散到世界各地。第一次是公元前586年，巴比伦王国占领了犹太王国，将数万名犹太人作为战俘押送去巴比伦，即历史上有名的"巴比伦之囚"时代。第二次是公元前332年，希腊马其顿王亚历山大攻占耶路撒冷，迫使犹太人疏散到南欧、北非和中亚等地。第三次是罗马帝国时期，即公元前63年罗马帝国占领整个巴勒斯坦，犹太人举行3次武装起义，死伤150多万人，幸存者几乎全部逃离巴勒斯坦，从而结束了犹太人主体在巴勒斯坦生存的历史。到公元7世纪，巴勒斯坦并入阿拉伯帝国，16世纪后又被奥斯曼帝国统治400多年。可以说，自公元1世纪到20世纪初，犹太人在政治、经济上同巴勒斯坦基本上没有什么联系了。居住在巴勒斯坦的犹太人也很少，到1918年只有五六万人，占当地居民的8%左右。

一千多年来，流散到世界各地的犹太人，处境很悲惨。在基督教占统治地位的国家，把犹太教视为异端邪说，一次又一次掀起反犹排犹运动，犹太人受歧视，遭屠杀，甚至无家可归。在这种情况下，欧美犹太资产阶级为了寻找出路，在19世纪发起了犹太复国主义运动，鼓吹散居世界各地的犹太人返回巴勒斯坦，重建一个犹太国。

英国和美国为了扩展自己在中东的势力范围，积极支持犹太复国主义。第二次世界大战后，大批犹太人移入巴勒斯坦，民族矛盾尖锐起来。英美之间为争夺巴勒斯坦的控制权，也发生了激烈冲突。

1947年11月29日，联合国不顾阿拉伯国家的反对，通过了巴勒斯坦分治的决议，规定，英国对巴勒斯坦的委任统治于1948年8月前结束，其后在巴勒斯坦建立阿拉伯国和犹太国；阿拉伯国面积为11000平方公里，犹太国面积是14000平方公里；耶路撒冷市为国际政权下的独立主体，由联合国管理。当时，犹太人只拥有巴勒斯坦6%的土地，人数不及总人口的30%，联合国决议划给犹太国的土地却占巴勒斯坦总面积的58.7%，其倾向是显而易见的。

联合国分治决议遭到阿拉伯人的激烈反对，各阿拉伯国家群众纷纷集会，游行示威。各地的阿拉伯人和犹太人不断发生武装冲突和流血事件。1948年5月14日，英国结束对巴勒斯坦的委任统治，犹太人宣布成立以色列国。15日阿拉伯联盟国家埃及、外约旦、伊拉克、叙利亚和黎巴嫩等5国的军队相继进入巴勒斯坦，第一次中东战争正式开始。

战争开始，埃及出兵1万，外约旦阿拉伯军团4500人，叙利亚、伊拉克、黎巴嫩各有3000人，从南、北、东三个方面向以军发起了猛烈进攻。以军在各条战线都进行顽强抵抗，付出沉重代价，仍不能阻止阿拉伯军进攻的势头。5月18日，阿拉伯军团占领耶路撒冷旧城阿拉伯人区，同时包围了旧城的犹太区。接着又向耶路撒冷新城展开进攻。5月28日，旧城犹太人投降，新城中的犹太人也弹尽粮绝，饮水困难，但阿军没有抓住这一时机展开进攻，使战斗处于僵持状态。在其他战线以军也连吃败仗，失去一些重要城市和战略要地。在这种情况下，以色列向联合国提出停火要求。联合国安理会在美国的操纵下，命令双方停火。

6月11日阿以双方同意停火4周。以色列利用停火的机会加紧战争准备，从欧洲运回各种武器弹药，从美国购进轰炸机，从英国购进战斗机，从法国购进坦克。还扩大军源，整肃纪律，使一支原来非正规武装力量，迅速改造成为协调的，具有初步规模的正规军，人数从战争开始时3万人增加到6万人。而阿拉伯军方面，战斗开始后，互不协调，互不配合，缺乏统一指挥，停火后，又陷入空洞争论，忙于吞并巴勒斯坦剩余领土的谈判，军队没有明显的整肃和提高。

7月9日，经过充分准备的以色列军队开始向阿拉伯军队发起猛烈进攻，采用步兵、装甲兵、炮兵和空军合成兵种的强大的突击力量，重点向特拉维夫东南12英里的卢德和腊姆拉城实施突击。到7月18日，联合国关于阿以停火生效。10天的战斗，以色列夺取阿拉伯约1000平方公里的土地，夺取了卢德和腊姆拉两城市，大大改善了自己的战略地位。

第二次停火后，以色列更加紧备战，美国和欧洲一些资本主义国家，给以色列运来了大量的枪支、火炮和飞机，还派出各种"志愿兵"去以助战。到10月，以色列已拥有各种火炮1320门，反坦克武器675门，各种枪支88500支，现役军人达到8万人，海军2400人，空军4370人，炮兵3700多人。而阿拉伯国家内部矛盾重重，群众对军队失败表示愤怒，战士对指挥员缺乏信心。

1948年10月15日，以色列破坏停火协定，向阿拉伯军队发起进攻。这次攻击的主要目标是加利利和内格夫。整个战役持续到1949年3月，以军全面击溃阿拉伯军的阵线，还占领了黎巴嫩15个村庄，还有一支部队越过国界进入埃及领土西奈半岛。正当以军准备给埃及军队以决定性打击时，英国要求以色列从埃及领土撤出。面对英国参战的威胁，以色列被迫接受停火。以后的一些天，以色列分别同参加的5个国家签订停火协定。这一次中东战争，以色列占有了巴勒斯坦五分之四的土地，计20000平方公里，比联合国分治决议规定的面积还要多6700平方公里，相当于联合国划给阿拉伯面积的一半。战争使96万巴勒斯坦人被以色列赶出家园，沦为难民，流落到附近的阿拉伯国家。由于帝国主义国家插手，第一次中东战争后，中东地区矛盾更加复杂激化。从此，战争连绵不断。

# 第二次中东战争

1956年10月29日，以色列出动4500名侵略军突袭埃及的西奈半岛，接着英法联军又攻占苏伊士运河地区，所以这次中东战争也称为西奈半岛战争或苏伊士运河战争。

战争的直接起因是埃及将苏伊士运河公司收归国有，触犯了英法两国的利益。因而英法勾结以色列向埃及发动了大规模侵略战争。

苏伊士运河开凿于1859年，埃及动员10万民工，用了10年时间才修筑成功。为修运河，埃及丧失了12万人的生命，并几乎承担了开凿运河的全部费用。1869年运河修成，全长175公里，成为埃及境内的一条国际通航运河。它沟通了地中海和红海，使欧亚两洲的航程比向南绕过好望角缩短了6000至12000公里，成为沟通欧、亚、非的交通要道。但自运河开通以来，一直被英法殖民主义者占领，他们在那里派有驻军，建立军事基地。运河公司的96%的股票也掌握在英法垄断资本家手里，埃及所得运河收入少得可怜。比如，1955年运河收入1亿美元，埃及只得到其中的300万美元。

.1951年10月，埃及废除了英埃条约，1952年7月23日，以纳赛尔和萨达特为首的"自由军官组织"发动军事政变，推翻了英国扶植的法鲁克封建王朝，建立了埃及共和国。这期间，埃及人民为反对英军占领苏伊士运河进行了长期的斗争，1956年6月，英国最后一批军队撤出埃及，结束了对埃及长达74年占领的历史。但苏伊士运河公司仍然掌握在英法殖民主义者手中，成了埃及的"国中之国"。为了捍卫国家主权，1956年7月26日，埃及政府宣布将苏伊士运河公司收归国有。这一决定使英法两国大为震惊，美国也想利用英法陷入困境之机，浑水摸鱼。英法在策划"国际共管"的阴谋失败后，便勾结以色列向埃及发动侵略战争。

10月29日，以色列动用4.5万人，分四路侵入西奈半岛，11月1日，英法空军出动各种飞机，对埃及机场、阵地、工事掩体进行战略轰炸。埃及为了保卫苏伊士运河，于1日夜间实行战略转移，主力部队撤出西奈半岛。但是，实际上以色列的入侵行动只不过是英法入侵埃及的一部分，它充当了英法两国的急先锋。通过以色列的入侵，将埃及主力吸引到西奈半岛，接着由英法军分别从塞浦路斯、马耳他、亚丁的空军基地和航空母舰出动飞机对埃及进行轰炸，然后实施登陆，占领整个运河区，迫使纳赛尔下台，使埃及政权落入亲英法派手中。英法调集8万地面部队，650架飞机，130多艘舰只，包括6艘航空母舰，先夺取了运河北口的塞得港和富阿德港，然后由北向南推进，沿运河向苏伊士湾方向进攻。英法的侵略行径受到中国、苏联以及世界各国的强烈谴责，被迫接受联合国关于停火的决议，于11月6日宣布停火。12月，英法军队全部撤出埃及。次年3月，以色列军队也撤出埃及。

苏伊士运河战争，历时6天，英法伤亡300多人，损失飞机50多架。以色列伤亡1000多人。埃及军队牺牲1000多人，伤2万多人，损失飞机200多架，有5座城市遭到严重破坏，付出了重大代价。在这场战争中，英法在政治上和军事上都遭到失败，它在中东的殖民统治迅速崩溃，国际地位也一落千丈。美、苏乘英法在中东大势已去之机，极力插手中东，扩张势力范围，中东地区又陷入新的战争危机之中。

# 第三次中东战争

1967年6月5日早晨7时45分，以色列几乎出动了全部军队，对埃及、叙利亚和伊拉克的所有机场进行闪电式突然袭击，紧接着地面部队也发起了进攻。这就是历史上有名的第三次中东战争，因为是在6月5日爆发的，也称为"六五战争"。

第二次中东战争后，苏联极力向中东扩张势力，向埃及、叙利亚和伊拉克提供大量新式飞机、坦克，甚至导弹。苏联的扩张严重威胁美国在中东的既得利益。美国总统约翰逊表示，"苏联在这个战略地区扩张势力，威胁着我们在欧洲的地位"。于是，美国决定在埃及饥荒时停止向埃及供小麦，以迫使埃及就范。这一招没有达到目的，又制定了新的战略计划，决定利用以色列来打击埃及，以此来削弱苏联在中东的地位。美国向以色列运去了大批新式飞机和坦克，还派出1000多名所谓"志愿人员"充实以色列空军队伍。以色列由于国内经济危机，也企图从发动侵略战争中寻找出路。并不断向阿拉伯国家进行挑衅。为此，以色列在埃以边境集结军队7万人，坦克50辆；在叙利亚边境集结军队4万人，坦克200辆；在约旦边界集结军队5万人，坦克300辆，还有很强的预备队。与此同时，以色列不断施放烟幕，制造进攻阿拉伯国家的舆论，以诱使埃及先动手。中东一轮新的战争一触即发，苏美秘密谈判也在加紧进行，苏联领导人再三告诫埃及要"克制"，保证以色列不会进攻。埃及总统纳赛尔受苏联的制约，也再三表示"决不开第一枪"，甚至取消了前线部队的紧急状态，有的军官又开始休假了。相反，美国却指使以色列加紧战备。

1967年6月5日，星期一早晨，以色列空军飞机，倾巢出动，对埃及、叙利亚、约旦以及其他阿拉伯国家的机场进行了大规模战略空袭。以色列选择的轰炸时间是精心安排的。过去战争中的偷袭一般都选在周六晚上或周日早晨，这次他选在星期一早晨，打破了常规，使人不容易想到这一点。早晨8点45分，尼罗河三角洲和苏伊士运河上空云雾刚散，能见度好。埃及空军基地的军官们刚好吃完早饭，行走在上班的路上，空军执勤人员正吃第二次早餐，雷达值班人员正在交接班，巡逻机正在返航加油，一切都像往常一样。以色列就抓住这15分钟左右的空隙时间，事先使大批飞机故意绕一个大圈子，避开苏伊士运河区雷达监视网，从西奈半岛的沙漠荒地和山区峡谷、飞临地中海面，超低空飞行。飞机距海面只有30～50米。在阿拉伯人毫无警觉的情况，以色列起飞一批又一批飞机，对阿拉伯国家25个空军基地同时实行轮番轰炸，每个基地都受到8个波次的轰击。开战60个小时，以色列共击毁阿拉伯国家飞机451

架，埃及空军的95%的飞机被毁，整个空军陷于瘫痪。以色列只损失26架飞机。

同一时间，在6月5日第一批飞机空袭半小时，以色列的5个师的兵力，以坦克装甲部队为先导，自加沙、阿里什和阿布奥格拉大举入侵。到6月8日，以军全歼埃及在西奈半岛的5个师，全部占领西奈半岛。

在约旦战线，到6月7日，以色列军队已全部占领了耶路撒冷东区和约旦河西岸约旦管辖的全部地区。当晚，约旦和以色列接受联合国停火协议。

在叙利亚战线，到6月10日，以色列军队击溃了叙利亚在戈兰高地7个旅的防守部队，控制了戈兰高地大部地区和通往大马士革的几条主要公路，夺取了贯跨阿拉伯地区通往黎巴嫩的输油管。6月11日，叙以签订停火协议。至此，"六·五战争"宣告结束。

在第三次中东战争中，埃及、约旦、叙利亚三个阿拉伯国家遭受了严重损失，伤亡和被俘6万多人，而以色列仅死亡983人。通过这次战争，以色列侵占了约旦河西岸、耶路撒冷旧城和约旦管辖区、加沙地带、埃及的西奈半岛和叙利亚的戈兰高地，共6.5万多平方公里，是原来领土2万多平方公里的3倍，使100多万巴勒斯坦人背井离乡，过着难以言喻的难民生活。

阿拉伯人决心收复失地，洗雪耻辱。巴勒斯坦解放组织也不断壮大。以色列也千方百计保住这些占领的领土。1967年11

月22日，在苏美操纵下，联合国通过242号决议，要求以色列退出6月5日后侵占的阿拉伯国家领土，条件是阿拉伯国家承认并尊重以色列。双方互不相让，一场新的战争在酝酿之中。

# 第四次中东战争

　　1973年10月6日，埃及和叙利亚为了收复失地，向以色列发动了突然袭击，并取得了初战胜利。因为这场战争是10月进行的，而10月6日又是穆斯林的斋月日，是犹太教的赎罪日，所以又称这场战争为"十月战争""斋月战争""赎罪日战争"。

　　这场战争大致可分为三个阶段：

　　第一阶段从10月6日至9日，埃及军队强渡苏伊士运河，突破"巴列夫防线"，获得了初期的胜利。第三次中东战争中，埃及丧失了苏伊士运河东岸的西奈半岛大片领土，叙利亚与以色列接壤的戈兰高地被以色列占领。埃叙两国决心收复失地，报仇雪恨。经过长期的准备，从苏联运进大量的先进武器，其中有坦克、飞机、导弹、各种火炮以及反坦克武器。同时，对部队也进行了扩充和强化训练，到1973年10月，埃及军队已达到120万人。以色列为了保住在战争中抢来的土地，也在美国的支持下，做了充分的防御准备。它沿苏伊士运河东岸170多公里建立一道坚固防线，每个工事里都有储油罐，用输油管，直通运河水下，一旦发生情况，一按电钮，顷刻时河面上就会变成一片火海，在水上组成一道人工火障。河沿上建造了高出水面3码的混凝土河岸，再往上还有一道沙堤，高17米到35米，底宽25米，顶宽10米，面对运河一面是50多度的坡，下面是铁丝网和雷区。沙堤后面是纵深10公里的坚固防御工事，有35个坚固据点，配置了大量的装甲部队。以色列吹嘘这道以国防部长名字命名"巴列夫防线"是一条"不可突破"的防线。

埃军为了强渡苏伊士运河，突破"巴列夫防线"，做了精心准备。他们在运河西岸隐蔽两个军团共9个师约12万人。又针对渡河可能碰到的问题进行训练，派蛙人小组潜水过河，用水泥堵塞喷油管道，决定用特制的高压水龙头冲开沙堤上的沙土。又施放和平烟幕，麻痹以色列。

10月6日赎罪节是犹太人绝对休息日，从日出到日落，不吃，不喝，不吸烟，不广播。大多数官兵都回到营房，留在阵地上的士兵，有的在祈祷，有的在洗澡、洗衣服或闲聊，一派和平宁静的气氛。一般战争都是凌晨发起进攻，既然早晨没有战争，肯定是一天和平了。埃及利用以色列人的骄傲、轻敌、麻痹的状态，在当天下午2时，突然发起攻击，强渡苏伊士运河，打得以色列措手不及。战斗打响后的24小时，埃军10万人及1000多辆坦克、13000多辆车全部通过运河。不到3天，埃军就控制了河东岸10至15公里的地区。据统计，防守巴列夫防线的3个装甲旅和1个步兵旅几乎全部被歼，集结在西奈半岛的360辆坦克有300辆被击毁，第190坦克旅全军覆没。

第二阶段是10月10日全15日，埃军进攻受挫，以军实施反击。埃及占领运河东岸的桥头堡后，认为有限的军事行动的目的已达到，可以以此为资本同以色列谈判，实现以政治解决中东问题的意图，所以停止了在西奈半岛的进攻。这就给了以色列喘息之机，便于它对埃及和叙利亚各个击破。以色列乘埃及停止进攻的时机，于10月10日，向北线集中了15个旅和1000辆坦克，11日又继续增兵，总数达到22个旅，近10万人，在飞机的配合下，很快就突破了叙利亚在戈兰高地的防线。到12日，已经越过了1967年停火线，深入叙利亚境内30公里，直逼叙利亚首都大马士革，受到叙军的阻滞。为配合北线叙利亚的戈兰高地战役，埃及在西奈半岛向以军发起了攻击。10月14日，埃及出动80架飞机、200门大炮、1000辆坦克，向以色列第二线阵地发起攻击。以色列出动3个师的兵力、800辆坦克，并用飞机发射空地导弹。在吉迪——米特拉山口，双方展开了一场空前规模的坦克战。这次战斗，以色列损失坦克50辆，埃及损失坦克200辆。埃及被迫退回攻击出发地。

第三阶段是10月15日至24日，以色列向埃及发起反攻。10月14日，以色列军队继续向大马士革推进。叙利亚军队在萨萨以西的公路两侧，建立了两道防御体系，还设置一系列障碍。以军数次攻击，均未奏效。此后，又不断展开反击，但都没实质性的进展。10月23日，叙利亚接受了联合国安理会提出的停火协议，戈兰高地之战结束。在这次作战中，叙利亚损失坦克1100余辆，士兵死亡3100人，损失飞机100余架。以色列损失坦克250辆，士兵死亡800人，受伤2400多人。在以埃战线上，10月16日，以军根据美国侦察卫星提供的情报。在大苦湖地区埃及第2和第3军团接合部，有30公里的间隙，便抓住埃军后方空虚防守薄弱这一时机，组织一支装甲特遣队，在大苦湖以北地区突入运河西岸。紧接着后续部队相继在西岸登陆，扩大突破口，并向纵深发展。到19日，突入西岸的以色列军队达到了4个坦克旅、1个机械化旅和1个伞兵旅。到23日，以军已攻占了苏伊士城郊的炼油厂，基本完成了对埃及第3军团大部分部队的包围。以军此次偷渡运河，出奇制胜，埃军猝不及防，运河西岸兵力不足，无法抵挡以军攻势，东岸部队又不敢调回。在这种战局不利的情况下，接受了安理会"就地停火"的决议，开始举行政治谈判。至此，第四次中东战争结束。

# 第五次中东战争

1982年6月6日,以色列悍然出动10万大军,包括空军、海军和装甲兵,向黎巴嫩发动了大规模进攻。这次以色列入侵黎巴嫩的战争,是第四次中东战争以来,以色列同阿拉伯国家之间最大一次战争,人们称为第五次中东战争。

以色列入侵黎巴嫩的企图:一是消灭黎巴嫩境内的巴勒斯坦解放组织总部和巴解游击队,为其最终实现建立大以色列帝国创造条件。以色列与巴勒斯坦的矛盾年深日久。1948年第一次中东战争即巴勒斯坦战争中,以色列夺取巴勒斯坦大片领土,把100多万巴勒斯坦的阿拉伯人赶出家园,沦为无家可归的难民。这些难民分散到周围的阿拉伯国家,其中黎巴嫩是难民的聚居地。为了建立自己的国家,返回家园,巴勒斯坦人于1964年成立了巴勒斯坦解放组织,并组织巴勒斯坦游击队。

1970年,巴解总部和游击队主力由约旦进驻黎巴嫩,并以黎巴嫩南部为基地,不断地袭击以色列北部地区。在黎巴嫩国内,巴解游击队支持伊斯兰教派的武装势力,打击以色列支持的基督教马龙派。所以,以色列视巴解组织和巴勒斯坦游击队为心腹之患,决心把它从黎巴嫩赶出去,以确保以色列北部地区的安全，同时，也可以在黎巴嫩建立一个亲以色列政府，逐步实现建立大以色列帝国的美梦。二是赶走黎巴嫩境内的叙利亚军队，摧毁其导弹基地。1975年，黎巴嫩内战，天主教马龙派为一方，穆斯林和巴解组织为另一方展开了大规模战争。叙利亚与黎、巴在历史上有"特殊关系"，于1976年6月出兵干预黎巴嫩内战。同年10月，阿拉伯有关六方最高会议，决定派出"阿拉伯威慑部队"进驻黎巴嫩维持停火。后来，各国部队陆续撤出，叙利亚军队仍驻在黎境内，并经常与黎基督教派民兵发生武装冲突。以色列对此十分不满。

1981年，以色列再次轰炸叙、巴阵地，叙利亚趁机将苏制萨姆—6导弹运入黎境内，并在叙、黎边界卡贝谷建成导弹基地，对以色列构成更大威胁。所以，将巴、叙军队赶出黎巴嫩是以色列蓄谋已久计划，只等合适的机会。

1982年6月4、5日，以色列出动大批飞机对黎境内的巴解军事目标进行了疯狂轰炸，并进行大规模炮击，24小时空袭60次，发射炮弹近万发。6月6日，以先头部队4个装甲旅，在海、空军和炮兵火力支援下，分3路在53公里的正面上，同时越过黎以边界，向黎南部地区巴解游击队发起突然袭击。整个兵力分3路，西部为主攻方向，分3个梯队，沿海公路北上；中路为助攻方向，分成2个梯队，沿沙、古夫堡、纳巴提尔向北推进；东路为牵制方向，也分成两个梯队，从戈兰高地出击，通过赫尔蒙山麓，向谢巴发起进攻，尔后进入贝卡谷地，牵制叙利亚军队，保障西、中两路部队的作战行动。西路先投入5个多旅的兵力，在北进过程中不断遭到巴解游击队的顽强抵抗。

10月，以军增加到6个多旅，3.5万人，300余辆坦克，在黎巴嫩基督教民兵配合下，对黎首都贝鲁特实施了大包围，并轮番轰炸贝鲁特西区和南部国际机场。以军的舰艇也从海上封锁了贝鲁特。巴解游击队集中兵力阻击敌人，在国际机场和哈尔达地区击退以军的进攻，并击毙以军前线总指挥、副总参谋长耶库蒂尔·亚当少将。但在战斗中叙接受了以色列的条件，宣布与以色列停火。巴解游击队只好孤军奋战。13日，以军进入贝鲁特东区，在黎基督教长枪党民兵配合下，把巴解武装力量8000人包围在贝鲁特西区和南部。9日，中路以军一路北进，在舒夫地区与叙利亚军队展开了一场坦克战，叙损失坦克150辆。之后，在空降部队的配合下，攻占了阿因达拉，进而控制了贝鲁特至大马士革的国际公路。东路以军1个装甲旅，向谢巴发起进攻，尔后向贝卡谷发展攻势，到10日，已切断了巴解游击队与叙军的联系，占领了贝鲁特至大马士革公路的东段，歼灭叙军1个装甲旅，叙损失坦克150辆。

贝卡谷是靠近叙利亚边境地区的一块南北走向的狭长谷地，两侧高山连绵，地势险要。驻黎巴嫩的叙军主力和导弹基地都部署在这一带。6月9日，以色列出动96架F-15、F-16战斗机进行高空掩护，用F-4、A-4型飞机对贝卡谷导弹基地进行了猛烈轰炸。叙利亚出动60架米格-21、米格-23战斗机迎战。但因以色列实施电子干扰，飞行员技术高超，能在空中机动灵活，而叙军地面指挥失灵，飞行员战术呆板，防空部队面对蝗虫般的飞机的追杀，不知怎么开炮。这一天，以色列摧毁叙利亚防空鲁弹连阵地19个，击落叙机29架。10日，以又出动92架飞机，摧毁叙防空导弹连基地7个，击落飞机25架。至此，叙利亚在贝卡谷经营10年、耗资20亿美元的防空体系毁于一旦，而以色列仅损失10架飞机。

6月14日以后，战斗集中在贝鲁特地区。以军在黎巴嫩长枪党民兵配合下炮击国际机场及附近地区，并进一步紧缩了对贝鲁特的包围圈，到7月中旬，以来兵力已增加到7个旅，3.6万人，坦克700辆，各种炮710门。8月1日，以军攻占了国际机场，空袭了巴解总部大楼。为了保存实力，便于今后坚持斗争，巴解被迫作出妥协，宣布愿意接受联合国关于巴勒斯坦的所有决议，实际上等于承认"犹太国"的存在。表示愿意撤出贝鲁特西区。

9月1日，在联合国多国部队的保护下，巴解总部及武装人员1.2万多人撤出贝鲁特西区、分散到约旦、突尼斯、阿尔及利亚、苏丹、伊拉克和南、北也门等7个阿拉伯国家。总部和执委会主席迁往突尼斯。

至此，以色列入侵黎巴嫩战争基本结束。这场战争中，以色列伤亡2000多人，损失坦克100余辆、装甲车200余辆、作战飞机20余架。巴解伤亡2000人，被俘5000人，损失坦克100余辆，火炮500门，设在黎南部的游击队基地全部被毁，400多座秘密武器库被占领。叙利亚军队伤亡1000人，损失坦克400辆，飞机85架，另有42个导弹连基地被摧毁。

战火停了，但以色列迟迟不撤兵。而且，后来还多次袭击巴勒斯坦游击队和黎巴嫩穆斯林什叶派民兵基地。

# 越南战争

越南抗美战争胜利越南地处中南半岛东部，东面和南面临中国海，西面与老挝、柬埔寨为邻，北部与中国的云南、广西相接。地理面积为32.96万平方公里，处于北纬0度至20度之间，气候温和，雨量丰富，盛产大米和橡胶。

越南长期遭受殖民主义者的统治，18世纪葡萄牙人侵入越南，19世纪中叶，法国殖民者开始统治越南，建立了印度支那联盟，把整个中南半岛都划入了法国的势力范围，长达80年之久。第二次世界大战期间，日本帝国主义占领了越南。1945年9月，日本投降，法军在英国的庇护下重返越南，企图把越南重新置于法国的殖民地地位。越南人民武装力量在胡志明的领导下，同法国殖民者展开了长期的反法独立战争。1954年奠边府战役，越军歼灭法军有生力量，取得了决定性胜利，法国在印度支那的统治全面崩溃。1954年召开了解决印度支那问题的日内瓦会议，越南民主共和国、柬埔寨、老挝、中国、苏联、法国、英国、美国和"越南国"参加了会议。会议达成协议，主要内容包括：（一）印度支那三国停止敌对行动；（二）在北纬17度线以南、9号公路稍北划定一条临时军事分界线，越南军队向军事分界线以北集结，法国军队向军事分界线以南集结；（三）设立由双方司令部代表组成的联合委员会，解决停战有关的争端；设立由印度、波兰、加拿大三国组成的国际委员会。负责监察协定的实施；（四）日内瓦协议与会国保证尊重印度支那三国的独立、主权和内政不受干涉；印度支那三国保证不参加任何军事集团，不准外国在其领土上建立军事基地；（五）印度支那三国将分别举行全国的自由选举。

美国代表团没有在协议上签字，但表示不用武力来妨碍日内瓦协议的实施。1956年，法国最后一批部队撤离越南。而美国却背弃了日内瓦协议，大量向越南增兵，1957年还将由其豢养的吴庭艳派回越南当总统。自1954年起，美国已向越南运去3.5万名官兵，2000多架作战飞机，800多艘军舰和450辆装甲车。同时，在越南南方修筑了169个飞机场、11个现代化军港。还帮助越南南方扩大雇佣军、保安队、民卫队等50余万人，进行大规模地灭绝人性的"扫荡"。

美国侵越战争共分三个阶段，即特种战争、局部战争、越南化战争。

1959年越南南方人民开始反抗，1960年底越南南方民族解放阵线成立，抗美救国武装斗争蓬勃发展。1961年，美国根据斯拉利——泰勒计划，在南方大量建立"战略村"，将分散的居民归并村屯，妄图切断群众与武装游击队的联系，发动所谓"特种战争"。越南南方民族解放阵线，将分散在各地的人民武装统一组成人民武装解放力量，在北方人民的大力支援下，捣毁"战略村"，挫败了美军的战争计划。美军的特种战争宣告破产。

1964年7月30日，美国驱逐舰"马多克斯"号驶入北部湾海域挑衅，侵犯了越南民主共和国领海，双方发生冲突，美国的"马多克斯"号驱逐舰用大炮击沉越南民主共和国的一艘鱼雷艇。同时，还派飞机炸伤了2艘鱼雷艇。越南人民采取自卫行动，把美舰赶出了领海。美国约翰逊政府借机制造"北部湾事件"，又是开紧急会议，又是发表电视讲话，说北越鱼雷艇无端袭击美国军舰，要对北越进行轰炸。

8月7日，美国参众两院在非常紧急的气氛中，通过授权约翰逊在侵越战争中可以采取使用美国武装部队的一切必要手段的决议案。至此，美国把侵略越南的战火，由南方烧到了北方，特种战争演变成局部战争，对越南北方重要城市和港口进行狂轰滥炸。韩国、澳大利亚、新西兰、菲律宾、泰国等都相继卷入了这场战争。

经过1965年至1967年两个旱季，南方游击队由农村发展到城市，游击战与运动战相结合，不断取得胜利，使美军处于到处挨打的地位，并掌握了战场的主动权。从1968年1月31日夜开始，发动了著名的春季攻势，历时45天，攻打了南方34个省会、64个城镇，歼敌15万人。春季攻势强烈地震撼了美国政坛，约翰逊失去了美国公众的支持，深感在越南战争中美国已无取胜的希望。3月31日，约翰逊宣布，部分停止对北方的轰炸，放弃战争升级政策。5月，越南民主共和国和美国在巴黎举行和谈，11月，美国宣布无条件停止对越北方的轰炸和炮击。1969年7月，美国总统尼克松宣布，美军将逐步撤出越南，实现战争"越南化"。尼克松为了使美国摆脱越南战争，一方面开始做最后撤退的准备，将美国的军事基地转交给南越．加速向南越输送装备及补给，在短时期内运去了大量坦克、装甲车、大炮和飞机，使越南不久之后便有飞机1800架，成为世界第四空军大国；另一方面继续举行和谈。1970年，美军入侵柬埔寨，使战争扩大到整个印度支那。

1971年2~3月间，美国和傀儡军4万余人，以坦克、装甲车突击和直升机机降战术，进攻9号公路越南溪山至老挝车邦地区，企图切断北方的补给线"胡志明小道"。越军集中5万兵力于公路南北两侧地区，诱敌深入，各个歼灭，激战43天，歼敌2万余人。9号公路战役的胜利使美国战争"越南化"的政策遭受严重挫折。

美越谈判拉锯式地进行了数年。三方（包括南越伪政权）唇枪舌剑，互不相让，公开谈和秘密谈同时进行，边谈边打。1972年12月17日，尼克松诡称"为和平而炸"，恢复了对北越的全面轰炸，并以水雷封锁北越港口，出动129架次B-52型轰炸机，连续轰炸北越。12月27日，越南政府表示愿意重开高层谈判，12月30日，美国宣布停止轰炸，仅12天时间，美国共投下3.6万吨炸弹。

1973年1月27日，交战各方在结束战争恢复和平的巴黎协定上签字。3月，美国地面部队撤离越南，但留下2万多名军事顾问，继续推行战争越南化政策，支持阮文绍集团吞食解放区。《巴黎协定》的签字，迫使美国从越南撤军，标志美国侵越战争的彻底失败。

1975年3至4月间，南方军民发动春季攻势，取得西原、顺化——岘港、胡志明三大战役的胜利。4月30日，西贡解放，战争结束。

# 溪山战役

　　1968年1月21日，越南人民武装力量向集结在溪山地区的美伪军发起了强大的进攻性战役，并取得了重大胜利。

　　溪山位于越南南方西北部，在美军9号公路防线西部，与老挝交界，是美军特种部队的基地。侵越美军司令威斯特摩兰认为，溪山可以阻止越人民武装沿9号公路从老挝渗透，又可骚扰老挝境内的越共基地，从这里起飞的飞机可以侦察、封锁胡志明小道运输线，具有重要的战略地位。因此，溪山地区长期驻有4个海军陆战营以及炮兵、装甲兵等近万人。在其周围还有数万名美军以及B-52飞机，随时对其进行增援。

　　越南人民武装分析了美国的政治形势及侵越美军的态势，认为抓住时机给美伪军以决定性的打击，可以推动全国各城市武装起义取得成功，迫使美国接受谈判，推动战争进程，按照越南人民的意志结束这场战争。1967年底，越南人民武装开始向溪山集结，总兵力达2万人。此外，在岘港机场的门户外面驻有1个师，顺化地区驻有1个加强师的兵力，在非军事区南面驻有2个师，从宏观上形成了对溪山的包围态势。

　　1968年1月20日，越人民武装对溪山地区及9号公路沿线的大部分美伪军据点发起了进攻。与此相配合，在南方全境主要城市和重要战场上，也开始了大规模的总进攻，使美伪军的许多首脑机关及交通、通讯联络陷于瘫痪状态。2月6日，越人民武装，避实就虚，在9辆坦克的掩护下，对位于溪山14公里的卫村的民卫队特种部队发起猛攻，美军伤亡14人。另有6000多名散兵及难民从卫村及邻近村庄涌入溪山地区避难。接着越人民武装对溪山基地发动了3次大规模进攻，护送侵越美军司令威斯特摩兰的直升机"追猎者"也被子弹打中。战斗非常激烈，阵地几易其手。美军司令急忙调集亚美利加师和第一骑兵师的两个旅，加强溪山的防守，并调动飞机对溪山周围地区进行大规模的轰炸。这时，越人民武装的进攻又进入了新的阶段，一方面在溪山集结大量部队，迫使美军逐渐从南方调往溪山，减少南方的压力，为消灭南越伪军创造条件，另一方面，准备突破非军事区，夺取北部两省。5月4日，越人民武装发动第二次总攻，一方面继续围困顺化和溪山据点，同时阻击美伪军在平原和山区发动的多次军事行动，粉碎了敌人在9号公路地和阿绍河谷地区的进攻，击毁敌飞机150架、军车100辆以及基地内大部分坦克和装甲车，歼美伪军1600人。

战役开始后的3个月里，美战术飞机每天出动300架次，消耗弹药和火箭3.5万吨，B-52飞机出动2602架次，投炸弹7.5万吨，发射了10多万发炮弹，平均每天近1500发。在越人民武装的强大攻势下，美军害怕"奠边府战役重演"，于6月26

日撤离溪山。越人民武装从陆路和空中阻击敌人退路。7月9日，完全解放溪山。溪山战役历时170天，敌我双方都遭受惨重损失。美伪军伤亡1.3万人，损失飞机480架、军车120辆、大炮65门。越人民武装打开55座仓库，缴获大量物资，使1万多人口的香化县全境获得解放。

溪山战役的胜利，使美国大为震惊，加剧了美国政界和军界的矛盾，迫使美国改变"局部战争"的战略，使侵越战争降级。

# 9号公路战役

9号公路战役是越南战争中具有重要战略意义的一次战役。

法国殖民者占领印度支那半岛时，为了加强统治，统一修筑公路，把越南、老挝、柬埔寨三国联系起来，9号公路就是其中之一。

9号公路东起越南广治省的东河，西至老挝的沙淳纳吉市，横贯越南。全长328公里。其中，东段从东沙至辽保83公里，为美伪军所控制，中段，从辽保至芒法兰141公里，为老挝解放区，西段，从芒法兰至沙湾纳查市104公里，为老挝右派军队所控制。老挝境内的班东、车邦是9号公路上的重镇，距越老边界很近，班东只有18公里，车邦也距班东也只有20公里。车邦地区是越南南方人民武装的重要交通运输枢纽和战略后方基地。越南北方支援南方和柬埔寨、老挝解放军的物资，有四路运输线要经过这里。所以，保卫班东和车邦地区关系到越南、柬埔寨、老挝三国人民武装的生死存亡，是越南、柬埔寨、老挝三国人民的共同任务。

美国政府于1970年初就插手老挝和柬埔寨的政治、军事活动，把战争扩大到整个印度支那。1971年2月8日至3月28日，美伪军发动了代号为"蓝山719行动"的9号公路战役。其目的在于把印支半岛拦腰斩断，加强南方军事实力，威胁越北方的安全；切断越南南方和柬埔寨、老挝解放军的交通运输线，破坏补给基地；同时，也推动越南伪军接近北方越共主力，迫其决战，以实现战争"越南化"的战略部署。为此，美伪军调动步兵、伞兵、海军陆战队、装甲兵等现代化部队4万余人。还有坦克、装甲车700余辆、火炮400余门、飞机1000余架，采用"坦克、装甲车突进"与"直升机机降"相结合的战术，以9号公路为轴线，分3路向班东、车邦地区推进。美伪军利用其机械化程度高、机动能力强的优势，采用机降的办法，首先抢占了班东、车邦地区南北的制高点，保障中路南北两翼的安全，集中装甲部队沿9号公路由东向西实施突进，老挝右派军队在西面配合。

为粉碎美伪军的进攻，越南人民武装集中了5个步兵师、3个地炮团、2个高炮团、3个坦克营和2个工兵团，采取诱敌深入、集中优势兵力各个击破的方针，在游击队的配合下，分南、北、中三路，与敌人展开了保卫车邦地区的激烈战斗。印支三国军民紧密配合，采取机动灵活的战术，避其锋芒，示之以弱，骄纵敌人，能打便打，打不了便走，迫使敌人拉长战线，将兵力分散到班东南北600多平方公里的二十几个据点上。为了对付美伪军的"直升机机降"与"坦克、装甲车突进"的战术，人民武装构筑多道阻击阵地，组织各种反坦克火器，构成多层大网，用高射炮火封锁美伪军空中机动和补给，争取在运动中歼灭敌人。此次战役，历时43天。人民武装全歼美伪军3个旅（团）、4个装甲团、8个炮兵营，重创4个旅（团），共歼美伪军2.1万人。击落击伤美伪飞机550余架，其中直升机500余架，击毁军车1100余辆，其中坦克、装甲车520辆，击毁各种舰船40余艘，炸毁仓库25座。缴获直升机2架、军车14辆、大炮88门、枪支2260余支、电台270多部、弹药1万余吨。9号公路战役的胜利，沉重打击了美国的侵略政策。

# 空袭河内

美军空袭河内越南战争期间，从 1969 年 1 月 25 日起，越南民主共和国、越南南方民族解放阵线、美国、西贡政府四方开始和平谈判。此后，便采取公开谈判和秘密谈判交替进行。到 1972 年 10 月，美国国务卿基辛格和越南民主共和国代表黎德寿的秘密谈判取得了突破性进展，双方达成 9 点停火协定。协定的主要内容是：美国遵照 1954 年日内瓦协议，承认越南独立、主权、统一与领土完整；签署和平协定 24 小时内，南越实行停火。美军与外来盟军部队全部于 60 日内撤离。南越境内禁止驻扎外国军队或顾问；除交换损坏武器外，禁止使用新武器；签署协定后，双方将采取措施，立刻遣还战俘；在国际监督下，在南越举行自由民主选举。成立三方面民族和睦国家委员会监督停火、军队复员及组织选举。通过和平途径，逐步统一越南。但南越西贡政权对上述 9 点协议根本加以反对，三方各执一词，互不相让。美国提出恢复和谈，修改 9 点意见，越南政府不同意改变内容和重新谈判。在这种情况下，尼克松总统诡称"为了和平而炸"，下令再次在海防港布雷，轰炸越南首都河内。

1972年12月18日至29日，美国动用各种飞机2500架，对河内地区的交通枢纽、物资囤集积地、工业中心以及机场、防空部队等目标进行轰炸。这次空中战役分两个阶段：第一阶段是12月18日至24日，美军出动B-52型轰炸机，每夜33～129架次，战术飞机每昼94～240架次，连续轰炸7昼夜。首先轰击了河内地区的机场和导弹基地，保持了战区的空中优势。第二阶段是12月26日至29日，每夜出动B-52飞机60～120架次，每昼出动战术飞机115～200架次，连续轰炸4昼夜，继续对铁路枢纽、军用物资囤积地和钢铁厂等目标实施轰炸。这次轰炸中，许多B-52飞机还携带了子母弹，破坏越方的防空兵器和杀伤暴露人员，加强了对防空兵器的压制，同时实施密集突击河内地区。据统计，仅对三条铁路汇合点的东英车站，前后反复轰炸6次之多，每次出动15～30架次B-52飞机，投弹约350吨至750吨，6次总投弹量达2250～4500吨，相当于第二次世界大战中1000架飞机的投弹量。

为了对付美军的空袭，河内做了充分的准备，在河内地区部署27个萨姆——工地空导弹团、500部发射架、2100门各种类型的高炮、180架歼击机，地空导弹和高炮交错配置，在河内周围50公里半径周围内形成了高、中、低空配套、内外圈结合，并具有纵深梯次配置的对空火力配备。整个防御是一个由雷达、高炮、地空导弹和飞机结合在一起的综合体系。但由于美军一开始就派大批飞机实施昼夜交替、连续突击，用战术飞机压制地面防空兵器，施放电子干扰，突击和封锁越方主要机场，反击越方歼击机，使越方航空兵受到很大损失。在整个战役中，越方飞机只进行有限的几次反击，基本上没起多大作用。美军的许多飞机都装有电子干扰设备，制造"干扰走廊"。在B-52飞机到达之前是的20～30分钟，先派8～12架战术飞机，编成横队，沿着B-52轰炸机的航行路线，大量施放干扰丝，造成宽十几公里到几十公里，长200公里的安全区，时间长达1至2小时，B-52飞机可沿着"干扰走廊"，安全进入空袭目标。在美军的电子干扰面前，越方的雷达显得无能为力，在强干扰时，荧光屏上经常呈现一片白色，看不清空中的情况，无法向导弹部队提供准确的情报。在没有电子干扰的情况下，苏制萨姆-2导弹3发命中率可达97%。1966年美军轰炸越南北方时施放了电子干扰，越方发射10～15发萨姆-2导弹才能击落1架敌机。而这次空中战役，由于美军采用综合电子干扰手段，施放了强烈的电子干扰，越方发射84枚导弹才能击落1架敌机。这次大规模轰炸持续了11个昼夜，美军出动飞机2589架次，投下3.6万吨炸弹，使越方的战略目标遭受严重的破坏。越方发射了750～1000枚萨姆导弹，美军损失飞机37架。12月27日，越南民主共和国表示愿意恢复最高层的谈判，并建议在来年元月举行。12月30日，美国宣布停止轰炸。1973年1月27日，越南民主共和国、越南南方共和国、美国和西贡政权四方在和平协定上正式签字，结束了越南抗美战争。

# 西原战役

人民武装越战越强这是美军撤出越南后，越南南方人民武装同西贡伪政权军队进行的一场具有战略意义的战役。

根据《巴黎协定》，1973年上半年50万侵越美军撤出越南，战争主动权转移到了人民武装手中。1975年春，越南南方临时政府确定用2年时间解放南方，完成人民民主革命的任务，并决定于1975年春季首先打好西原战役。西原地区处于越南南方的中部，属西贡第2军区管辖，解放西原地区，可将西贡伪军拦腰斩断，切断南方北部各省伪军与西贡地区和南部各省的联系。

战役开始前，西原的伪第2军区所属部队，包括1个步兵师、1个航空兵师、7个特种部队约10个团、4个坦克装甲团、8个炮兵营和一些地方杂牌军，主要部署在西原以北的波莱谷地区。而人民武装却集中了5个步兵师和所需的坦克部队，形成局部的优势兵力。

当时，西贡政权面临严重的政治危机，上层斗争趋于白热化，阮文绍只能靠美国的支持维持摇摇欲坠的政权。军心涣散，情绪低落。加上阮文绍对战局作出的错误估计，从而确定了西贡军队在这次战役中必然失败的命运。他们认为，人民武装只能打小仗，不具备攻打大、中城市的能力；可能集中兵力攻打第3军区的西宁市，为越南南方临时政府建都创造条件，而且时间也不会太早，只能在春节前后开始行动，6月份雨季到来时结束。他们对战局的这种错误估计，给人民武装夺取西原战役胜利创造了条件。

为了打好这一战役，人民武装将主力集中于西贡南部地区，先歼灭西贡第2军区一部有生力量，攻占邦美蜀，解放多乐省，继而解放西原地区，并向富安、庆和两省推进，实行战略分割。1975年3月1日开始，人民武装切断了19号、21号战略公路，攻克了纯敏，切断了波莱古与邦美蜀之间的14号公路，使邦美蜀之敌陷入孤立无援的境地。经过2天的激烈战斗，全歼邦美蜀守敌，并封锁了邦美蜀以北的14号公路，对波莱古和昆嵩守敌构成了极大威胁，迫使他们只好沿7号公路撤退。此时，人民武装力量迅速展开，沿7号公路追歼溃逃之敌，在前后夹击的形势下，经过近10天的激战，解放了波莱古和昆嵩，伪第2军区所属部队全部被歼。西原战役胜利结束。

西原战役的胜利，把西贡政权的兵力分割分两部分。人民武装力量解放了8个省，伪军损失12万人之多。这次战役改变了越南南方的军事、政治形势，人民武装越战越强，西贡政权的寿命已经不长了。

# 西贡战役

1975年春季，越南南方人民武装发动了解放西贡的大规模战役，西贡解放后改名为胡志明市，这次战役称为"胡志明战役"。这是越南南方人民武装同西贡伪政权的一次战略大决战，双方都投入了最精锐的部队和装备，围绕西贡及其周围地区，连续进行了20多个日夜的大厮杀，结果以西贡王朝的覆灭而告终。

西贡位于九江平原的腹地，是越南南方最大城市，占地面积60多平方公里，人口近400万。西贡伪政权的首府就设在这里，它成为越南南方的政治、经济、文化中心，四周水网相通，公路四通八达，几个机场架起了空中运输的桥梁。1954年，日内瓦协议后，这里便成为美伪集团统治越南南方人民的反动堡垒。

越南民族解放战争进入到1975年的时候，越南南方人民武装已取得了9号公路战役，西原战役等几个重大战役的胜利，敌我力量已经发生了重大变化，战争的主动权已操在人民武装手里。西贡伪政权虽有美国的支持和现代化装备的军队，但内部矛盾重重，失掉人心，军队士气低落，呈腐败象。在这种情况下，越南南方人民武装最高指挥部决定，抓住有利时机，于1975年春季发动一次大规模的攻势，以最后埋葬西贡伪政权，建设和平、民主、富强的新越南。

面对人民武装的强大攻势，西贡政权一片慌乱，在美国顾问的帮助下，重调整防御部署。在西贡周围地区，除了原来部署的伪5师、25师、18师、第3骑兵旅、2个海军陆战旅、1个海军旅，又重新组建了22师，加强西贡以西的防御，与原有的伪7、9、21师相呼应。此外，在西贡郊区还部署了1个伞兵旅、3个别动联团和1个保安联团，把市区划分为3个联区由野战警察和民防队防守。还根据美国顾问韦安德的提议，在外围地区建立一道以春禄为中心的，西起西宁、东至潘朗的新防线，部署了10个步兵和空军师约100架飞机、12个装甲坦克团、33个炮兵营。防御的重点是春禄和潘朗这两个西贡的门户以及边和、新山一、成山等几个重要机场。他们企图依托强大的军事力量，在战场上拖延时间，为和平谈判创造讨价还价的条件。

针对伪军的态势，人民武装成立了以文进勇为司令的前线指挥部，统一指挥西贡战役的各部队。首先调动了步兵第1、2、3、4军、232指挥部（计15个师）和第5、7、8军区所属兵团近6个师及地方特种部队，对西贡实施战略包围。整个战役分两个阶段进行。

第一阶段从4月9日至21日，扫清西贡外围之敌。在东南方向，以第2军主力协同第5军区各兵团，向春禄逼近。在西线，232兵团所属第5师，在牵制柬埔寨边境敌人的同时，急速越过沼泽河网地带，向4号公路重镇新安市和承镇发起攻击，经过激烈战斗，重创伪7师1个步兵团和1个装甲团，攻下80个碉堡，切断了4号公路，解放了4号公路以北大片地区。第8、第9军区的各兵团也占领了美荻省和永隆省内4号公路的重要地段。在东线，第4军和第7军区的3个师，向隆庆省省会春禄发起猛攻，同伪18师和装甲部队、空降部队、炮兵部队展开了浴血战斗。人民武装曾多次突破春禄防线，向市区推进，都遭到敌人的顽强阻击，阵地几易其手。伪军狗急跳墙，使用了威力强大的气浪弹和窒息弹，调动飞机对人民武装占领的阵地进行毁灭性的轰击。人民武装只好撤出春禄地区，集中攻击春禄和边和、西贡之间的油惹三岔路口，切断春禄守敌和后方的联系，使其处于孤立无援的境地。

4月14日凌晨，第6师全歼伪18师和52团的1个营以及1个装甲团，解放了油惹三岔路口，接着全歼52团余部，并占领了20号公路上的最后几个据点。与此同时，第4军的第7师和第1师相继消灭了驻守春禄的伪48团和伞兵旅、装甲旅。4月20日，春禄守敌向边和和西贡逃窜，春禄防线被突破。

4月16日，进攻潘朗的战斗打响。步兵和坦克兵配合，高炮兵对敌机实施火力压制，仅半天时间，就突进潘朗市区，占领了成山机场，活捉伪军前线指挥阮文仪和范玉柱等高级将领。还缴获40架完好无损的飞机。与此同时，在西北方向，步兵第3军在解放了富安省和西宁省部分后，主力从西北方向逼近西贡，而步兵第1军则从北方进至西贡附近。232指挥部所属兵团，从西南进至西贡。至此，西贡已处于人民武装重围之中。4月21日，阮文绍在美国的压力下辞去总统职务，飞往台湾。陈文香接替总统职务，妄图扭转乾坤，但仅在位7天，就把总统宝座让给了杨文明。伪3军总指挥陈文全随总参谋长高文园一起逃往美国。

第二阶段，从4月26日至29日，歼灭西贡守敌，解放西贡市。26日，人民武装从东西南北各个方向，同时向西贡发起了总攻。西线，4月26日，232指挥部所属兵团和第8军区的8师联合作战，歼灭了伪第22师一部，完全控制了4号公路，使这条纵贯湄公河平原的唯一战略要道完全被切断了。4月29日，232指挥部所属兵团，全歼伪第22师，冒着敌机轰炸和炮火的袭击，勇猛地迂回穿插，至30日上午便攻克了伪首都特区。北线，人民武装第2、3军在西北方向攻克伪第25师，活捉师长李松波，接着沿1号和15号公路向市区挺进。在第1、3军的夹击下，伪第5师缴械投降。4月30日上午10时，攻占了伪参谋部，接收了伪军全部档案。东线，人民武装第2、4军在特工部队的配合下，以坦克为先导，在强大炮火的掩护下，于4月30日攻占了边和，控制了边和机场、路德和新山一机场。接着，坦克部队冒着敌人的炮火冲进了西贡市区，10时30分，在独立宫院中的旗杆上升起了越南南方民族解放阵线的旗帜。刚任3天总统的杨文明在广播电台宣布无条件投降,命令伪军放下武器的声明。5月2日,越南南方全部解放。

"西贡战役"共歼灭和瓦解100多万伪军和150万民团武装,摧毁和缴获伪军的全部武器,结束了殖民主义在越南的1个多世纪的统治,一个统一的独立的越南民主共和国出现在世界的东方。

# 两伊战争

　　1980 年 9 月 22 日，伊拉克军队采取突然袭击的方式，向伊朗发动了大规模进攻，打得伊朗措手不及，一周的时间伊拉克军队便深入伊朗境内 13 至 30 公里。这是两个伊斯兰国家之间爆发的战争，俗称"两伊战争"。伊拉克凭借自己训练有素，装备精良的军队，以为可以速战速决，几个星期就可以赢得战争。而事实上这场拉锯战，一打就是 8 年，直到 1988 年 8 月 20日才实现停火。这场战争给双方都造成了严重的损失。

　　这场战争是多种原因引起的。

　　首先，是领土和领水的争端。伊朗和伊拉克共同边界长1280 公里，一直没有划清过，特别是阿拉伯河主权归属问题，是边界争端的核心。阿拉伯河是由底格里斯河和幼发拉底河汇合而成，注入波斯湾。全长 205 公里，前段 100 公里在伊拉克境内，后段 105 公里为两伊界河。伊拉克是个内陆国家，所有对外贸易都要经阿拉伯河，再经波斯湾出海，阿拉伯河是伊拉克通向波斯的唯一出路。河东岸为伊朗胡齐斯坦省的霍拉姆沙赫尔商港和阿巴丹炼油中心，两国争夺后段阿拉伯河的归属权，关系一直很紧张。伊朗一直要求河的后一段以主航道中心线为界，双方共管；伊拉克则要求把整个阿拉伯河划归自己管辖。

1975年3月，在阿尔及利亚总统布迈丁的斡旋下，双方签署了《阿尔及尔协议》，规定两伊以河中心为界，伊朗让出原属伊拉克的扎因高斯、赛义夫、萨阿德等4个地区（总面积为300平方公里），并承诺不再支持伊拉克库尔德族反政府武装。但协议签订后，伊朗迟迟不交出土地，伊拉克也对协议不满，要求重新划定边界，遭伊朗拒绝。

其次，是宗教方面的矛盾加剧。伊朗和伊拉克都是伊斯兰国家，都以伊斯兰教为国教。但伊斯兰教分为两大派，即什叶派和逊尼派。伊朗是什叶派大本营，伊拉克是逊尼派掌权，而伊拉克有50%的人属什叶派，因此两派矛盾尖锐，势不两立。霍梅尼是伊朗什叶派的宗教领袖，他一直想在波斯湾地区建立一个以伊朗为中心的政教合一、神权至上的"大伊斯兰联邦"，声称要向周围国家"输出什叶派伊斯兰革命"，要"发动一场圣战"，而伊拉克便被伊朗选中为"输出革命"的首要目标。

伊拉克发动战争的主要目的，是收回领土，武力夺取对阿拉伯河后段的控制权，防止伊朗利用伊拉克什叶派穆斯林团体颠覆政权。同时，也企图取代非阿拉伯的伊朗，成为海湾地区和中东阿拉伯国家的强大核心。

1980年9月初，伊拉克向伊朗发出警告，并用武力收复了被伊朗长期占领的扎因高斯、赛义夫、萨阿德等地区。9月17

日，伊拉克单方面宣布废除1975年两国签署的《阿尔及尔协议》。9月22日，伊拉克总统侯赛因，下令对伊朗的军事目标发动"威慑性打击"。接着，伊拉克空军对伊朗首都德黑兰机场等15个城市的机场、军空基地和炼油中心阿巴丹等要地进行了猛烈轰炸。23日凌晨，伊拉克地面部队3个装甲师、2个机械化步兵师，约5万人，1000余辆坦克，在炮火掩护下，同时分北、中、南3路约480公里的正面上，向伊朗发动了全面进攻。两伊战争爆发了。

战争初期，伊朗虽然对伊拉克军事入侵有所察觉，但由于国内政局动荡，统治集团内部忙于争夺权利的斗争，对伊拉克的大规模进攻缺乏充分准备，未及时加强边界的防御力量，因而仓促应战，节节败退，使伊拉克军队在一周之内深入伊朗境内15至30公里，占领了300多平方公里的土地，控制了阿拉伯河东岸地区。10月初，伊朗调整了战略部署，从后方增调3个师及大批革命卫队，使原有的4个师增加到7个多师。伊拉克也从5个师增加到8个师。伊朗军队在北、中、南三个战线展开了顽强抵抗，给伊拉克军队以一定的打击。伊拉克取得初步胜利，便以为伊朗可以承认战败，能够增加谈判的筹码。战争开始第二天，伊拉克政府提出和谈的3项条件，第八天又抛出四项和谈条件，伊朗不予理睬。

1981年，伊拉克在北、中线全面转入防御，重点放在南线，伊朗也将主力部队放在中线和南线。1月，伊朗在南线发起进攻，在苏桑吉尔德南部，双方400辆坦克展开激战，双方势均力敌，未取得大的进展，战争处于僵持状态。9月，伊朗发动了具有决定意义的阿巴丹反击战，调动5个步兵团和大批装甲部队，歼灭伊拉克1个师，解除了伊拉克对阿巴丹的包围。11月，伊朗集中3倍于伊拉克的军队，以1个师和革命卫队共4万人的兵力，击溃伊拉克1个旅，歼敌3000余人，击毁坦克150辆，把战线推至距边界15公里处。此后一段时间，战争时急时缓，双方有进有退。伊拉克企图以守求和，伊朗改变了被动失利地位，转入战略反攻。

1982年3月，伊朗集中3个师的兵力和大批革命卫队共3万多人，发动了"胜利行动"的胡齐斯坦战役。经过8天激战，突破伊拉克中部战线防御，切断了伊拉克南北两线的联系，重创伊拉克2个师，全歼2个旅，俘虏万余人，缴获数百辆坦克和装甲车，收复了扎迪赫阿巴斯、艾因霍什、切纳奈等城镇，收复2000多平方公里的失地，伊拉克军队后撤30～60公里。4月22日，伊拉克建议，如果伊朗保证结束这场战争，它就从伊朗撤军。作为回答，伊朗于4月下旬，在阿瓦士以西和以南地区紧张集结近3个师和大批革命卫队，约10万人，发动了"耶路撒冷圣战"，一举收复了霍拉姆沙赫尔市，及南部战线全部及中部战线大部的4000多平方公里的失地。此次战役，伊朗共俘虏伊拉克军队1万人，歼灭3万人，伊拉克守军司令被击毙，副司令被俘。伊拉克在战场上连连失利，国内政局不稳，为了尽快结束这场战争，6月10日宣布单方面停火。6月20日宣布在10天内从伊朗境内撤回全部军队。6月29日宣布撤军完毕。至此，伊拉克对伊朗的军事占领已告结束。伊朗却坚持自己的条件：（一）恢复1975年《阿尔及尔协议》规定的边界，伊拉克承认自己是侵略者；（二）赔偿150亿美元的战争损失；（三）总统萨达姆下台等。如果不接受上述条件，就用武力结束战争。7月中旬，伊朗集中了10万人的兵力，向伊拉克发动了名为"斋月行动"的攻势企图夺取巴士拉城，占领伊拉克南部地区，封锁伊拉克出海口，切断伊拉克和科威特交界的陆上军事供线，迫使伊拉克接受其停战条件。这次进攻受到伊拉克8万军队的顽强抵抗，损失惨重，失利后又多次组织进攻，仍未达预期目的。至此，战争已经由伊朗推进到伊拉克境内。

1983年以后，战争同时在陆上和海上展开。陆上战斗大多在伊拉克境内进行，双方展开了以攻击非军事目标为主的"经济消耗战"，即"袭城战"。在1983年中，伊朗先后发动了代号为曙光1号、2号、3号、4号的攻势，伊拉克进行积极抵抗。1984年2月，伊朗发动了代号为"曙光5号""曙光6号"的攻势，采用"人海战术"，动员成千上万的具有宗教狂热的青少年，20人编成一组，冒着敌人的炮火冲入布雷区，以血肉之躯为坦克扫清道路。针对伊朗的"人海战术"，伊拉克不顾"日内瓦公约"的规定，在南部使用了化学武器，使伊朗军队死亡1000多人，数千人受伤。

1985年，伊拉克改变了消极防御的方针，频频主动出击，1～2月间先后组织6次地面攻势，占领伊朗一些前沿阵地。3月，伊拉克使用飞机和导弹，轰炸了伊朗首都德黑兰等40多座城镇和一些重要军事，经济目标，使战争进一步升级。伊朗针锋相对，用飞机、导弹对伊拉克首都巴格达等一些城市进行报复性袭击，并动用10万兵力在胡韦扎沼泽地向伊拉克发动了强大攻势。8月，伊拉克出动大批飞机袭击了伊朗石油输出中心哈尔克岛，使这个35平方公里的小岛变成一片废墟。1986年2月，伊朗调动9万兵力，一举攻占了伊拉克重要港口法奥和3个导弹基地，同时又在北线发起了"曙光9号"攻势。5月，伊朗在全国实行总动员，宣称要加速战争进程。伊拉克则采取了"以攻为守"的新战略。战争进入了一个新的阶段。

1987年，两伊战争形势进一步升级。一方面交战范围明显扩大，从地面、空中到海上全面展开；另一方面，双方袭击的范围超出两伊范围。1月8日，伊朗在巴士拉东南的鱼池地区向伊拉克发动"卡尔巴拉-5号"攻势，伊拉克则使用空军对伊朗的80个城市进行了340次空袭。1988年2月，"袭城战"达到了高峰，伊拉克出动飞机轰炸了德黑兰炼油厂。伊朗轰炸了巴士拉等5座城市，还向巴格达发射了3枚导弹。双方在海上展开了"油轮战"。

1987年5月6日，一艘在波斯湾航行的苏联货轮遭伊朗炮舰袭击。5月16日，一艘由科威特包租的苏联油轮在科威特沿海触雷。次日，在波斯湾游弋的美海军"斯塔科"导弹护卫舰遭到伊拉克飞鱼导弹的攻击。这一年8月至10月旬，有10个国家的46艘船只遭到袭击。这一年7月22日，美国公开卷入两伊冲突，使海湾局势进一步紧张。9月，美国在海湾集中了1个航母舰队，1个战列舰编队，1个护空编队，1个扫雷编队，共50余种船舰，各种类型飞机100多架，兵力达2.5万人，并成立了"中东联合特遣舰队司令部"。此后，美国和伊朗在海湾接连发生军事冲突。9月11日，美国武装直升机袭击了伊朗的登陆艇，10月8日，又袭击伊朗4艘炮艇。10月中旬，伊朗发射导弹，袭击了悬挂利比亚国旗的美国"森加里"号油轮和悬挂科威特国旗的美国油轮。

1988年7月3日，美国"文森斯"号巡洋舰，用导弹击落一架飞临霍尔木兹海峡上空的伊朗大型客机，290名乘客和机组人员遇难。

1988年以来，两伊战争出现了新特点，伊朗已力不从心，兵力动员困难，攻势减少减弱。伊拉克则攻势增多增强，基本收复了战争以来失去的土地。两国都表现出尽快结束这场战争的愿望。在国际上，一些国家和国际组织，多次出面调停，呼吁和平解决两伊冲突。1987年7月20日，联合国安理会一致通过两伊立即停火的决议，即598号决议。伊拉克立即表示接受，而伊朗既没接受，也没表示反对。

1988年7月18日，伊朗宣布接受598号决议，在联合国秘书长德奎利亚尔主持下，两伊外长为最终结束战争开始谈判。

两伊血战8年，伤亡200万人，经济损失达6000亿美元。

# 入侵格林纳达

　　格林纳达位于加勒比海东部，南距委内瑞拉海岸约160公里，北距美国约2000公里，总面积为342平方公里，呈椭圆形。人口10多万。18世纪末成为英国殖民地，1974年独立。首都圣乔治。由于地处加勒比海至大西洋的航道，战略位置十分重要。因此，美苏两国都企图控制这个小岛国，使其成为本国的哨所。

　　格林纳达独立后，1979年，国内"新宝石运动"领导人莫里斯·毕晓普发动武装政变，推翻原来亲西方、亲美国的政权，奉行亲苏亲古巴的政策。在苏联、古巴的支援下，建立了"人民革命军"和民兵队伍，建成了大型现代化机场，苏、古大型飞机可以进出。美国认为，这已构成了对美国在加勒比海海上石油运输线的威胁，决心除掉这个隐患。

　　1983年春，格林纳达总理毕晓普访问美国，企图在保持同苏古友好的同时，改善同美国的关系。他的这一政策受到国内亲苏强硬派的坚决反对。

　　同年10月13日，政府军司令官奥斯汀和副总理科尔德发动政变，将毕晓普秘密处决，成立了以奥斯汀为首的革命军事委员会。

10月21日，东加勒比海国家组织要求美国采取行动，美国以应东加勒比各国"紧急要求"和"保护美侨"为借口，于10月25日，联合牙买加、多米尼加、巴巴多斯、安提瓜、圣文森特、圣卢西亚等多个加勒比海地区国家的警察部队，对格林纳达突然进行武装入侵。世界上一个超级大国，入侵一个只有十几万人口的小岛国，当然如以石击卵，速战速决。入侵4天，美军就摧垮了格林纳达的军事抵抗，占领首都圣乔治，推翻了政变后的新政府，在8天内结束了战争。

这次战争，美国集结登陆部队8000人，舰上人员1万人，各型舰只15艘，各种飞机230架。而格林纳达没有海、空军，只有政府军2000人、民兵2000人。

10月25日，美军从南北两个方向对格林纳达实施空降，后续部队也先后登陆，占领了南端的萨林斯机场和珍珠机场，救出了被软禁的总督斯库恩，并对首都形成钳形包围。28日，美军南北两路在首都圣乔治会师，并实行全国占领。30日，政变头子科尔德和奥斯汀被抓获，入侵战争遂告结束。

# 空袭巴解总部

1985 年 10 月 1 日至 10 日，以色列出动 8 架 F-15 战斗机，轰炸了设在突尼斯的巴勒斯坦解放组织总部，使全世界大为震惊。

1982 年以色列入侵黎巴嫩，巴解游击队遭受严重损失，总部被迫由黎迁往突尼斯，继续领导巴勒斯坦人民开展反对以色列侵略的战争，武装力量日益发展壮大，国际威望不断提高。对此，以色列十分恼火，决心除掉巴解总部和巴解主席阿拉法特。1985 年 9 月 25 日，在塞浦路斯拉纳卡港，3 名以色列人被枪杀。以色列认为这是巴解游击队干的，借口对巴解实行报复，轰炸了巴解总部。

以色列到突尼斯全程 2400 公里，是 F-15 战斗机作战活动半径的 1.3 倍，即或单程飞行也达不到目标。经过周密策划，决定用波音 707 飞机作为主力加油机，另配备加油机，实行空中加油，增加 F-15 战斗机的续航能力。10 月 1 日早 7 时，8 架 F-15 战斗机陆续起飞。2 架担负夺取制空权的飞行，各携带 2 枚"响尾蛇"和 2 枚"麻雀"空中导弹，担负轰炸任务的 6 架飞机，各挂载 2 吨炸弹，并配有火箭。3 个小时后，临近突尼斯时，采取低空贴海面飞行，在距目标30英里时，上升到100米左右，用炸弹和火箭摧毁了巴解总部办公大楼、阿拉法特的住所和几幢民宅。阿拉法特9月30日夜从摩洛哥回到突尼斯，按一般习惯，他从其他国家回突尼斯市后，第二天上午，在总部召开高级干部会议，以色列掌握了这一情况，所以选择10月1日上午10时轰炸巴解总部的行动，妄图一举消灭巴解总部和阿拉法特本人。事有凑巧，这次阿拉法特于30日夜返回突尼斯后，因处理紧急公务，留宿在巴解驻突尼斯办事处，10月1日上午的高级干部会也因故推迟到11时召开，幸免于难。

# 联合国海湾战争

1991年1月17日，以美国为首的多国部队。为反对伊拉克吞并科威特，对伊拉克实施了大规模的空袭，轰炸袭击持续38天。2月24日，地面部队开始攻击，伊拉克被迫无条件从科威特撤军。2月28日，地面战争停火。至此，打了42天的海湾战争基本结束。

海湾，又称波斯湾或阿拉伯湾，位于西亚中部。东西长984公里，南北最窄处为56公里，最宽处为336公里。海湾地区也称波斯湾地区，包括伊朗、伊拉克、科威特、沙特、巴林、卡塔尔、阿联酋和阿曼等8个国家，以盛产石油而著称，其蕴藏占世界石油总蕴藏量的一半以上，产量占世界总产量的四分之一，石油出口量占世界的三分之一。目前，美国的石油供应有30%，西欧各国的75%，日本85%的用油都是由海湾各国提供的。海湾地区矛盾错综复杂，民族纠纷、教派冲突和边界争端交织在一起。长期以来这个地区一直动荡不安。这次海湾战争就是由伊拉克入侵科威特引发的。

科威特是个盛产石油的富国，人均收入超过1.4万美元，但面积只有1.8万平方公里，190万人口，军队2万人。1990年

8月2日，处于海湾顶端的伊拉克，出动10万大军，一夜之间就占领了科威特。科国家元首贾比尔乘直升机飞往巴林，随后又到沙特阿拉伯的达曼。科威特在沙特建立了临时政府。8月4日，伊拉克宣布与科威特合并，又宣布科威特为伊拉克的第19个省。伊拉克对科威特的入侵使世界大为震惊，牵动了世界各大国的利益，因而形成了海湾危机。

历史上伊拉克和科威特曾是一个国家，同属奥斯曼帝国的王朝。1923年，英国同奥斯曼帝国签订的"洛桑条约"，分别建立了伊拉克王国和科威特埃米尔国。1958年，伊拉科革命成功，推翻费萨尔王朝，建立了共和国。1961年，科威特独立后，两国边界一直没有划定。1963年，伊拉克承认科威特的独立和主权，一度放弃对科的领土要求，两国边界问题虽经多次谈判，均无结果。1980年两伊战争爆发后，科威特支持伊拉克并向其提供大量的援助，达180亿美元之多。两伊战争结束后，伊、科矛盾又趋尖锐化，以至伊对科实行武装占领。其直接的和深层的原因：（一）伊拉克转嫁经济危机。历时8年的两伊战争使伊拉克的国库空虚，债台高筑，外债达700多亿美元，其中欠海湾国家350多亿美元，仅欠科威特就有120亿美元。伊为巩固和发展它地区强国的需要，实施称雄中东的军备计划，需要大量的资金。而科威特是世界首富之一，国家总储备金有800亿美元，海外资产1000多亿美元，石油出口年收入100亿美元。伊侵占科威特，可用科的财富缓解国内经济危机，同时又可威胁其他海湾国家减免伊所欠债务。（二）改善伊在海湾的战略地位。伊虽为海湾强国，却仅有50公里的海岸线，在海湾活动受到严重限制。吞并科后，其出海口不再受制于科，而且取得科威特的国际良港，海岸可延伸300多公里。（三）提高伊的国际地位。伊占领科后，伊科两国的石油蕴藏量可达1900多亿桶，约占世界石油蕴藏量的19%，可在国际石油生产和石油价格问题上操主动权。并以石油吸引第三世界国家，提高他的国际地位。（四）为逐步实现阿拉伯"统一大业"奠定基础，以期称霸中东。

伊拉克公然鲸吞一个主权国家，破坏了基本的国际法准则，受到众多国家的谴责，陷入四面楚歌之中。联合国对伊侵科事件，反应异常迅速，五大常任理事国态度惊人的一致。在不到2个月的时间内，安理会连续通过9项决议：1990年8月2日，伊拉克入侵科威特当天，安理会以14票对零票通过了660号决议，要求伊拉克从科威特撤军；8月6日，安理会通过661号决议，决定对伊拉克进行经济制裁和武器禁运；8月9日，安理会通过662号决议，决定"采取与具体情况相称的措施"，阻止出入伊拉克的船只，并对其货物和目的地进行检查；9月13日，通过666号决议，规定了向伊拉克提供食品的有关原则；9月16日，通过667号决议，强烈谴责伊拉克侵犯外国驻科威特使馆，并要求伊拉克立即释放其扣押的外交官和所有外国人员；9月24日，通过了669号决议，委托制裁伊拉市委员会审议一些国家提出的经济援助的要求；9月25日，通过670号决议，决定对伊拉克实行空中封锁。在如此短的时间内，安理会做出这样多的决议，是前所未有的。

这期间许多国家领导人频繁交换意见，从中调解，甚至提出和平解决海湾危机的方案，一致要求伊从科撤军。美国的反应异常强烈，坚决要求伊拉克立即无条件地从科威特撤军，声称"决心采取一切必要行动，保卫我们在海湾的长期而重要的利益"。8月7日，美国总统布什正式签署了"沙漠盾牌"计划，下令向沙特出兵。从8月17日至9月中旬的20多天内，美空军调派了400余架各型战斗机、轰炸机，分别进驻沙特、阿联酋、卡塔尔、阿曼和土耳其等地，B-52战略轰炸机也从太平洋和本国基地转场至波斯湾地区的空军基地。3个航母舰编队也驶入阿曼湾、红海、地中海水域，形成海上封锁态势。到11月10日，到达海湾地区的美军陆海军三军共23万人。为了全力对付伊拉克，美国把最新式武器运往海湾地区，在距沙特边界50公里处布设了以M1、M60坦克为主要装备的第一道防线；在距沙特边界100～250公里处布设有"阿帕奇"攻击直升机、M1坦克和"爱国者"防空导弹的第二道防线；在沙特中部地区部署了A-10攻击机及其他飞机的第三道防线。"沙漠盾牌"行动是美国自越南战争以来最大的军事行动，也是第二次世界大战以来，在中东地区最大的军事集结。8月10日以来，先后参加旨在保护科威特的多国部队的国家有：英国、比利时、澳大利亚、加拿大、法国、荷兰、意大利、苏联、孟加拉国、埃及、摩洛哥、叙利亚等28个。德国明确宣布，不向海湾地区派出军事力量，但同意美国使用德国的基地，并派出6艘扫雷艇和1艘供应舰前往地中海，接替从那里调往海湾地区的美国海军的任务。日本要求派兵遭国会否决，只派100人的医疗队，并提供90亿美元的经费。

面对多国部队的大兵压境，各方力量的调解，西方国家的经济封锁以及联合国的一系列决议，伊拉克毫不松动。萨达姆总统拒不执行安理会的决议，而且还出人意料地竖起"人质盾牌"，来对付美国的"沙漠盾牌"和联合国布置的经济制裁。8月18日，伊拉克议长萨利赫宣布，所有敌视伊拉克国家的外国公民，都不准离开伊拉克和科威特。还把美、英、法、日、德、澳等国的数千名外交人员、侨民和旅游者，集中到几家旅馆，后又转移到重要军事设施和经济目标内，把这些人作为多国部队进攻的第一批牺牲品。伊拉克利用人质作条件，一方面迫使美国放弃进攻和撤军，争取时间从容布置防御；另一方面根据各国所持态度不同，分批释放一批人质，以分化瓦解多国部队。

1990年11月29日，联合国安理会特别会议通过678号决议，授权以美国为首的多国部队，在1991年1月15日以后，可以"使用一切必要的手段"，迫使伊拉克撤出科威特。这是对伊拉克的最后通牒。为了抢救和平，许多国家和组织加紧磋商和斡旋，力求避免海湾局势进一步恶化。1月9日，美国国务卿和伊拉克外长阿齐兹在日内瓦举行会谈，伊拉克拒不接受无条件从科威特撤兵的安理会决议，和谈破裂。1月13日，联合国秘书长德奎利亚尔抵伊拉克，进行最后的和平努力，仍告失败。海湾战争不可避免。

1991年1月17日，海湾战争终于爆发了。

开始的前几天，美国以每天5000人的速度，向海湾急速增兵。到1月17日，美军在海湾的总兵力达到45万人，多国部队70万人。多国部队约有坦克3500辆，作战飞机1400架，武装直升机1400架，各类舰艇245艘，其中6艘航空母舰。伊拉克驻科威特战区54万人，约有坦克4000辆，飞机750架，舰艇70艘。伊拉克沿科威特与沙特、伊拉克与沙特边界筑起一条240公里长的"萨达姆防线"，其中包括人工沙墙、铁丝网、雷区、反坦克壕等障碍。沙墙高达4米，反坦克壕中可灌注石油，点火后形成火墙。雷区中埋设了50万枚各种型号和用途的地雷。

这次海湾战中美国吸取了越南战争的教训，改变了传统的作战方式，采用避实就虚、扬长避短和首先从空中发动进攻的战略。美军拥有高技术的侦察、导航、通信等卫星，导弹和飞机在数量上也占优势。伊拉克有很强的坦克部队。美国害怕兵员伤亡太大引起国内反战情绪，于是力图避免展开地面战斗，而采取用猛烈轰炸来摧毁伊拉克飞机、坦克、精锐部队、地堡、防御要塞、指挥通信等，造成伊军瘫痪，然后展开地面进攻。为了确保摧毁伊军实力的目的，美军采用高精度的激光制导炸弹和空地导弹准确命中目标；用密集的地毯式轰炸，使要摧毁的目标无法漏网；多次重复轮番轰炸地面以下的目标，一层层地剥除掩体，然后摧毁掩体内的武器和设施。

开战前5小时，美军进行强烈电子干扰，使伊军的通信联络濒于中断，雷达屏幕上一片白花花或出现假目标。零时四十分，多国部队代号为"沙漠风暴"的海湾战争开始了。第一阶段重点打击防空雷达阵地、机场、指挥和通信设施，核反应堆、导弹发射架、生物和化学武器工厂。最初几天，平均每天出动飞机2187架次，前一批和后一批的间隔时间只有15分钟。伊拉克采取了伪装、坚壁、躲藏等措施，顶住了多国部队大规模轰击的"三板斧"。他们多年来修建了一系列地下或半地下兵营，每座兵营可容纳1200人，储备1个月用的生活物资。还有300多个地下或半地下飞机掩体和机库。他们设立的假目标，如假导弹、假飞机、假坦克，还能反射无线电信号，使对方真假难辨。经过两个星期的轰炸，多国部队基本上取得了制空权。但伊拉克仍保存有30多个导弹发射架，飞机、坦克在掩体内，被摧毁的并不多。伊拉克利用剩下的导弹开始零星的反击，向沙特首都和以色列首都发射"飞毛腿"导弹，以证明自己还有实力。同时，也是为了激怒以色列，把其拖入战争，把这场战争变以色列同阿拉伯国家的战争，而拆散美国的反伊联盟。以色列在美国的控制下，采取了克制态度。伊拉克的计划没能实现。伊拉克设想在空袭中保存实力，然后在地面战争中重创美军，促使美国舆论掀起反战浪潮，迫使美国撤军。这一打算又落空了。后来，在多国部队的空袭下，伊军遭受严重损失，所发射的"飞毛腿"导弹，90%都被美军"爱国者"导弹拦截摧毁。为了保存实力，伊拉克飞机成批飞往伊朗，被伊朗扣留。为了阻止美海军登陆，1月25日，伊拉克向海湾倾泻了1100万桶原油，污染了50公里长、11公里宽的水域，倾入海湾的原油被着火燃烧。同时，伊拉克还炸毁了科威特境内的部分石油设施，以制造烟云，给多国部队的空袭带来困难。多国部队轰炸的第二阶段，重点由轰炸战略目标转向战场目标，即重点空袭伊军的补给线、仓库、部队集结地、生物武器仓库及道路桥梁等，摧毁伊精锐部队共和国卫队的阵地，为地面进攻开辟道路。

2月24日，多国部队陆海空地面进攻开始了。在科威特全境和伊拉克南部5万平方公里的战区，以美国为首的多国部队有11个国家15个师8个旅，总兵力30多万人，坦克3000多辆，分兵4路向伊拉克部队发起进攻。一路是美军两栖部队，从海上向科威特东部实施两栖登陆。二是由沙特两支特遣部队组成，越过沙、科边界向伊军进攻。三路是由美1、2师和第二装甲师一部组成，在沙、科边界中部突破伊军防线、直指科威特市。3路部队进展顺利，2小时就推进伊境内30公里，突破伊军第二道防线。四路由美、英、法三国10个师组成，在整个战线的西段，由西向东沿沙伊边界一线展开。突破伊军防线后，由南往北向伊军南部纵深快速挺进，并迅速迂回到伊军防线的后方，直逼伊军共和国警卫师等精锐部队。同时，美101空中突击师在伊沙边境以北80公里处实施空降活动，建立了后勤补给基地，转而向幼发拉底河谷推进。25日，东线3路军经过2天激战，已进抵科威特城郊，伊军约10个师被歼灭。西线，伊军11个师被多国部队围歼或丧失战斗能力。多国部队深入伊拉克境内150公里。27日，西线多国部队在巴士拉以南到科威特城以北数十英里长的战线上，对伊军5个共和国警卫师等精锐部队实施围歼作战，展开了一场海湾战争中规模最大的坦克战。多国部队集中800多辆坦克包围了伊军250至300辆坦克，伊军全线崩溃，除少数逃跑外，大部都成了多国部队的俘虏。这一天，东线的多国部队也解放了科威特城。鉴于科威特已经解放，美国总统布什宣布：美国东部时间27日午夜（当地时间28日8时，北京时间28日13时）多国部队终止战斗。这个决定很快得到伊拉克的响应，伊拉克方面宣布放弃对科威特领土要求，同意考虑向科威特偿付战争赔款，接受安理会12项决议。至此，海湾战争地面作战经过100小时的交战，终于实现停火。海湾战争结束。